오카리나 배우기

오카리나 배우기

지은이 넥서스 콘텐츠 개발팀
펴낸이 안용백
펴낸곳 (주)넥서스

초판 1쇄 발행 2002년 4월 25일
초판 6쇄 발행 2005년 11월 25일

2판 1쇄 인쇄 2012년 9월 15일
2판 1쇄 발행 2012년 9월 20일

출판신고 1992년 4월 3일 제311-2002-2호
121-840 서울시 마포구 서교동 394-2
Tel (02)330-5500 Fax (02)330-5555
ISBN 978-89-5797-953-2 13670

www.nexusbook.com
넥서스BOOKS는 (주)넥서스의 실용 브랜드입니다.

* 이 책은 『오카리나 배우기』의 개정판입니다.

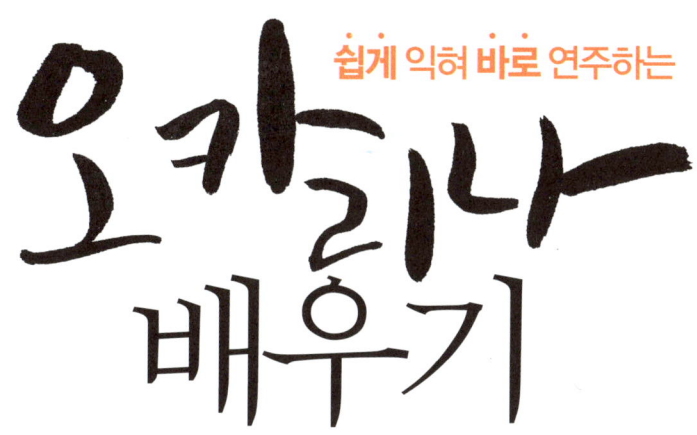

쉽게 익혀 **바로** 연주하는

오카리나 배우기

넥서스 콘텐츠 개발팀 엮음

넥서스BOOKS

영혼을 울리는 오카리나의 매력

최근 오카리나가 인기다. 오카리나 연주가들과 동호회의 움직임도 활발해지고 있다. 그러나 아직도 오카리나라는 악기에 대해서는 알려진 것보다 알려지지 않은 신비가 더 많다. 혹자는 인류가 개발해야할 마지막 악기라고 말할 정도다. 그만큼 이 작은 악기 속에 많은 매력이 숨어 있다는 말도 될 것이다.

오카리나의 기원은 인류가 '문화'라는 이름으로 다시 태어났던 시대까지 거슬러 올라간다. 수천 년 전 중부 아메리카의 아즈텍족, 마야족 및 양키족은 5음으로 된 '둥근 피리'를 사용하여 부족간의 의사소통 수단이나 댄서의 음악으로 사용하였다. 6천 년 전 인도에서는 새나 동물 모양의 테라코타로 만든 작은 휘슬이 있었고, 중국 역시 '훈(Xun)'이라는 7천 년 이상된 악기가 전해진다. 우리나라의 경우 12세기 초 중국 송나라로부터 훈(Xun)이 소개되어 우리만의 독특한 모양과 음으로 발전시켜왔다. 이와 같이 오카리나의 원형이라 할만한 악기들은 세계 도처에서 발굴되고 있다. 재료가 주위에서 흔히 구할 수 있는 흙과 물이라는 것도 그렇지만, 구멍만 뚫으면 소리가 나는 악기의 특성 때문일 것이다.

새롭게 일고 있는 오카리나 열풍에 발맞추어 이번에 넥서스 콘텐츠 개발팀에서 펴낸 '오카리나 배우기'는 도시생활에 지친 현대인들에게 한 줌의 휴식을 제공하는 기회가 될 것으로 기대된다. 빠르고 복잡하게 변하는 디지털 시대에 우리는 반대로 아날로그의 향수에 목말라 있다. 옛것이 하나하나 다시 조명되고 있는 것도 이와 같은 맥락이라고 볼 수 있을 것이다.

'오카리나 배우기'는 초보자를 위해 기획되었다. 음 하나하나를 사진과 함께 소개하고 있어, 오카리나를 처음 접하는 사람과 악기를 처음 대하는 사람도 가장 쉽게 배울 수 있도록 하였다. 아울러 오카리나에 관한 다양한 정보를 담으려고 노력했다. 이 한 권의 책을 통해 오카리나가 더욱 널리 알려지고, 악기 하나쯤 취미로 불고 싶어하는 사람들에게 유용하게 사용되었으면 한다.

넥서스 콘텐츠 개발팀

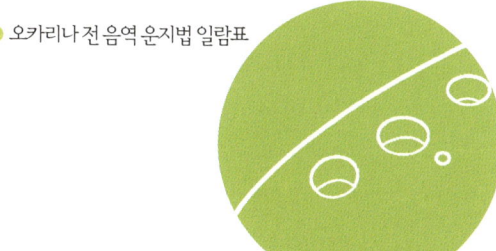

Ocarina

Let's play the Ocarina

PART 1
오카리나
그 매혹의 소리

오카리나의 음색과 구조

소박하고 맑은 매력의 음색, 오카리나

흙으로 만든 악기 오카리나. 오카리나의 음색은 소박하다. 그래서 듣는 사람의 마음을 편안하게 한다. 흙이 주는 자연의 향기도 좋지만, 화려하고 예쁘지 않아서, 소박하고 담백해서 오히려 친근감이 드는 그 모양은 사람의 마음을 움직이기에 충분하다. 그래서 세계 유명 오카리나 연주자들의 연주곡은 마니아(Mania)를 중심으로 깊은 감동을 선사하고 있다.

오카리나는 악기를 처음 접하는 순간 곧바로 소리를 낼 수 있을 정도로 '소리내기' 가 쉽다. 어린이나 노인은 물론, 오선지 위의 콩나물이라면 머리부터 아픈 이들까지도 어렵지 않게 소리를 낼 수 있다. 과연 이 말을 믿어도 되는 것일까?

일반적으로 악기에서 연주되어 나오는 '음' 은 그 기준이 되는 '바탕음(基音)' 과 바탕음의 정수배(整數倍)인 주파수의 배음(倍音)이 섞여 있다. 이 음들의 조합이 여러 가지로 변화하면서 악기에서 나는 음도 복잡해진다. 이런 변화가 만들어내는 차이를 우리는 '음색의 차이' 로 인식하게 된다.

그런데 정작 정확하고 매끈하게 안정된 음은 사람들에게는 쾌적하게 들리지 않는다고 한다. 적당히 애매하고 또 미묘한 음이 좋은 음색으로 들리는 것이다. 그런 의미에서 불안정한 테라코타(흙으로 구운 것)로 만들어진 오카리나의 음색이 듣는 사람의 마음을 맑고 편안하게 하는 것은 어쩌면 필연적인 결과일 수도 있겠다.

그 때문인지 날로 발전하는 전자악기들도 이와 같이 애매한 음의 불안정한 표현을 넣어 만들어지고 있는 실정이다.

이쯤 되면, 디지털 악기가 날로 발전을 거듭하고 있음에도 불구하고, 아직은 아날로그 악기가 만들어내는 그 아름다운 음색에는 미치지 못함을 확인할 수 있다.

오카리나는 어떻게 소리를 내는 걸까?

서양의 플루트나 우리나라의 전통악기인 단소 등은 초보자가 소리를 낸다는 게 생각처럼 쉽지 않다. 하지만 오카리나는 다르다. 악기를 다뤄본 경험이 없는 사람도 비교적 쉽게 소리를 낼 수 있다. 이 차이는 어디에서 발생하는 것일까? 먼저 악기의 구조에 대해서 알아보기로 하자.

오카리나나 리코더, 플루트 등은 호흡, 즉 공기를 에지(edge:오카리나에서는 취구)에 밀어넣어 공기 덩어리가 만들어지고, 관 속의 공기가 공진(共振)되면서 소리가 난다. 바람이 심할 때 전선이 웅웅 울리는 것도 이와 같은 원리이다.

공기의 흐름을 이용해 음을 내는 또 다른 악기로는 리드(reed:기명 악기의 소리를 내는 금속판) 악기가 있다. 풀피리, 하모니카, 아코디언, 클라리넷, 색소폰 등이 바로 그것이다. 셀로판지를 불면 부-부- 하는 소리가 나는 것과 원리가 같은 악기들이다.

오카리나와 같이 에지에 기류를 넣어 그 진동으로 음을 내는 악기들은 공기가 빠져나오는 출구와 에지까지의 거리와 각도, 형태 등의 미묘한 밸런스가 맞지 않으면 소리가 잘 나지 않는다. 현악기(바이올린, 기타 등)나 타악기(북, 징)에 비한다면 그 구조가 꽤 복잡한 편이다.

이 미묘한 밸런스를 악기에 적용시킨 것이 바로 오카리나나 리코더이다. 오카리나나 리코더에는 악기 속에 공기가 지나다니는 통로(노즐)가 있다. 그래서 이 통로의

● 오카리나를 만드는 도구 ●● 오카리나 뮤지션 미카코 혼야

밸런스를 어떤 방식으로 하느냐에 따라 소리도 달라지게 마련이다.

한편 플루트 등의 악기에는 이 '노즐'이 없다. 따라서 에지와 입의 거리나 공기의 각도 등을 연주자가 직접 조정해야 한다. 음을 내기까지 시간이 걸리고, 일정한 기술을 익혀야 하는 이유도 바로 여기에 있다.

노즐이 있어 음을 일정하게 잡아주는 오카리나의 경우 이러한 특성 때문에 악기 경험이 없는 사람도 비교적 쉽게 소리를 낼 수 있는 것이다.

하지만, 오카리나뿐만 아니라 모든 악기는 단순히 소리를 내는 것에서 끝나지 않는다. 처음에는 투박하고 거친 음을 부단한 노력을 통해 아름다운 음색으로 바꿔가야 한다. 여기에 악기를 배우는 매력이 숨어 있다.

앞으로 소개할 호흡을 불어넣는 방법과 오카리나를 쥐는 각도, 각 음을 내는 법 등을 익혀가며 차근차근 오카리나와 친해 보자.

오카리나의 역사와 각국의 오카리나

오카리나의 탄생과 발전

오카리나의 원형이라고 할만한 흙 피리는 인도, 페루, 멕시코, 유럽 등 각국의 유적에서 수많은 것들이 발견되고 있다. 멀게는 기원전 3000년 경의 것도 있어 인류 역사상 가장 오래된 악기 중 하나로 여겨진다.

세계 각지에서 서로 다른 모양으로 만들어진 흙 피리를 현재 우리들이 흔히 만나는 소위 '오카리나'의 형태로 만든 사람은, 이탈리아 부드리오(Budrio) 지방의 지우제페 도나티(Giuseppe Donati)라는 과자 직공이었다.

도나티는 테라코타로 만들어진 오리를 닮은 형태의 피리, 즉 오카리나(Ocarina는 이탈리아어로 어린 오리라는 뜻이다)를 개량하기 시작했다. 원래는 음역이 좁은 민속악기이자 완구였던 오카리나의 운지 구멍을 늘려 한 개의 옥타브 음역 연주가 가능한 '악기'로 발전시킨 것이다.

도나티는 이 후에도 연구개발을 계속하여 음역이 다른 크고 작은 여러 종류의 오카리나를 만들어냈다. 도나티의 공적에 의해, 현재까지도 오카리나의 고향 이탈리아 부드리오 지방에서는 오카리나 제작이 활발하게 계속되고 있다.

일본에 오카리나가 처음으로 소개된 것은 1940년대 아케타라는 사람에 의해서였다. 일본의 대표적인 오카리나인 '아케타 오카리나'는 아케타 씨의 오카리나 제작

을 계승한 것이다. 그 후 나이트사나 다른 오카리나 메이커 등이 나타나 부단한 개발과 발전을 거듭해왔다. 이러한 일본의 오카리나 제작기술은 오카리나 뮤지션 노무라 소지로나 혼야 미카코, 아케다가와 쇼지, 토시카주 등을 탄생시켰다. 이들의 연주 CD는 일본뿐만 아니라 세계적으로 널리 알려지면서 오카리나 애호가들의 폭을 넓혔으며 많은 사랑을 받고 있다.

우리나라에 오카리나가 본격적으로 소개된 것은 1986년, 일본의 다큐멘터리 〈대황하(The great yellow river)〉가 방영되면서부터이다. 이 다큐멘터리의 배경음악이 오카리나로 연주되었다는 사실이 알려지면서 오카리나가 알려지기 시작했고, 부는 사람도 증가하기 시작했다. 그 후 15년여 동안 오카리나는 그 아름다운 소리에 매료된 사람들에 의해 소리 없이 퍼졌으며, 현재 많은 회원을 거느린 동호회를 비롯해, 일본 못지않은 실력의 오카리나 제작자까지 배출하는 성과를 올리고 있다.

현대의 각종 다양한 오카리나들

흔히 오카리나를 부는 사람의 악기라고 한다. 악기를 부는 사람이 자신의 악기를 직접 제작하거나, 소리를 만들어가는 예가 많기 때문이다. 수많은 오카리나의 유

물이 출토되는 것에서도 알 수 있듯이, 오카리나는 물과 흙이라는 가장 흔한 재료를 사용해 만들 수 있다. 따라서 제작이 다른 악기에 비해 쉽고, 소리도 만드는 사람의 호흡량과 기호에 따라 변경할 수 있다. 원리적으로 오카리나는 부는 사람에 따라 모양과 음이 결정되는 단순한 악기이다. 그래서 세계 각국의 많은 사람들이 자신들만의 오카리나를 만들어 발전시켜왔고, 오늘에 이르게 된 것이다. 이제 각 나라마다의 문화적 특성을 반영한 토속적인 느낌의 오카리나들을 구경해보자.

이탈리아식 오카리나

고대의 민속 악기를 도나티가 개량한 것으로 어린 거위처럼 생겼다하여 오카리나(Ocarina : 이탈리아어로 작은 거위라는 뜻)라는 이름을 처음 붙인 악기이다. 우리가 가장 자주 볼 수 있는 오카리나이기도 하다. 한 옥타브 반 정도의 비교적 넓은 음역을 갖고 있다. 여러 메이커들이 탄생해 세계 각국에서 만들어지고 있다.

영국식 오카리나

원형 오카리나라고 알려진 것으로 작고 동그랗다. 1964년 영국의 민속음악가인 존 테일러가 만든 것으로 구멍은 4개이다. 이후, 1986년 존 랭글리에 의해 조율되어 7개의 서로 다른 키를 가진 4구멍 오카리나로 발전했다. 이탈리아식보다는 음역이 좁지만 한 옥타브 정도는 낼 수 있다. 작고 귀여워 어린이들에게 특히 인기가 많다.

● 페루식 오카리나(도자기) ●● 한국의 훈 ●●● 조각이 상당한 예술성을 보여주는 중국의 훈

남미식 오카리나

브라질, 페루, 칠레, 볼리비아 등에서 발견할 수 있는 오카리나로 그 지역 문화적 특성에 맞게 장식이 화려하고 독특한 문양을 많이 새겨넣었다. 음역은 한 옥타브 정도이다.

동유럽식 오카리나

일본에서는 코카리나라고 부르는 나무 오카리나이다. 역시 4개의 구멍으로 이뤄져 있다. 헝가리에서 만들어지기 시작했다고 한다. 음역의 한계를 극복하기 위해 여러 개의 코카리나를 묶어서 연주하기도 한다.

동양식 오카리나

우리나라와 중국의 오카리나는 '훈(壎)'이다. 1116년 고려 예종 때 중국 송나라에서 들여왔으며, 저울추, 계란, 공 모양 등 여러 가지가 있으나 저울추 모양이 주를 이룬다. 운지 구멍은 앞에 3개, 뒤에 2개가 있으며 취구는 상단에 있다. 음역은 12음을 내며 구멍을 반만 막는 방법으로 소리를 낸다. 음색이 어둡고 낮아 부드러운 소리를 가졌으며, 문묘제례악에 쓰이고 있다.

PART 2

기초지식편
오카리나란 무엇인가

오카리나의 종류

조(調)에 따른 분류

높은 음역을 담당하는 작은 소프라노 C 오카리나(다장조)에서부터 낮은 음역을 떠받치고 있는 큰 베이스 C 오카리나까지 다양하다. 다장조의 오카리나 C 이외에 바장조의 오카리나인 F, 사장조의 오카리나인 G가 시판되고 있다. 판매되는 것들은 보통 이 3종류의 조(調)이지만, 여러 가지 장조를 가진 오카리나를 만들어낼 수 있다. 다만, 통상되는 것은 위의 3종류이다. 불었을 때 이 이외의 조 소리가 나면 그것은 부는 사람이 잘못 불고 있기 때문일 가능성이 높다. 호흡의 세기가 너무 강해서 음정이 올라갔다거나, 너무 약해서 내려갔다거나 이다. 또 B나 D조 오카리나를 샀다면 그것은 제작자가 음정 조정에 실패한 것일 가능성도 있다.

음역에 따른 분류

오카리나는 운지 구멍의 수로 음역이 결정된다. 이 구멍 외에 소리 구멍(노즐을 통과한 공기가 나오는 구멍)이 있지만 이 소리 구멍은 구멍수에 넣지 않는다.

12개 구멍을 가진 C조의 오카리나는 라에서 파까지 13개의 음을 낸다. 운지 구멍의 수가 적어지면 당연히 낼 수 있는 소리도 적어지고, 음역이 좁아지면 불 수 있는 곡도 한정된다.

형태에 따른 분류

오카리나는 흙으로 만들기 때문에 사실상, 어떤 형태로든 만들어낼 수 있다. 일반적으로는 어린 오리 모양이 가장 많이 만들어지고 있으며, 달걀 모양, 새 모양도 있다. 형태에 따라 음역이 좁은 것과 운지 구멍이 특수한 것들도 있다. 오브제로 장식용 오카리나가 아니라면 색, 무늬, 형태에 연연하지 말고 악기로서의 기능에 충실한가를 따져 보는 것이 가장 좋다.

오카리나의 구입과 관리

오카리나의 특징과 선택법

오카리나는 대개 흙을 구워 만든다(목재나 플라스틱도 있다). 점토를 재료로 초벌구이를 해서 만들어진다. 두벌구이를 한 것도 있지만, 너무 많이 구워지면 음이 딱딱해지고 또 수분을 흡수하지 못하기 때문에 침이 공기구멍을 막아 금새 소리를 낼 수 없게 된다.

외형을 만드는 방법으로는 틀을 이용하는 경우와 손으로 빚는 경우가 있지만 음을 내기 위한 구조는 일일이 손으로 만든다. 메이커 제품이나 개인 제작자의 제품이나 이 점에 있어서는 다르지 않다. 제작자가 하나하나 스스로 불어가면서 음색을 확인하고, 음정을 조율해 만드는 것이다.

따라서 오카리나는 만든 사람과 같은 방식(호흡법, 세기, 속도)으로 불어야 비로소 그 오카리나 본래의 음색, 음정을 낼 수 있다. 연주가 서투른 사람이 만든 오카리나는 그 사람의 연주 정도밖에 불어지지 않는 오카리나이다. 연주가 서투르면 적절한 조율이 불가능하기 때문이다. 이 점은 다른 악기제작도 별반 다르지 않다. 제작자는 연주의 명인이 될 필요는 없지만, 일정한 수준 이상의 연주능력이 필요하다. 음을 듣고 알아듣는 귀를 가지고, 음색의 차이를 구별해야하기 때문이다.

나쁜 오카리나는 무엇인가?

음이 전혀 나오지 않는다

악기로서 부적합한 불량품이다. 단, 부는 사람이 잘못 불어서 소리가 나오지 않는 경우도 있다. 호흡의 세기를 바꾸고 부는 공기의 각도를 확인해보자. 오카리나를 손에 쥔 각도와 방향도 바꿔보는 등 여러 가지를 시험해봐야 한다. 그래도 소리가 나지 않는다면 다른 오카리나를 찾아봐야 한다.

음정이 맞지 않는다

C 오카리나인데도 반음이 떨어진 B가 되어버리거나 반대로 반음이 올라간 D 음정이 되어버리는 일이 있다. 앞의 것은 제작자가 그 오카리나를 구입한 사람보다 더 세게 부는 사람일 것이다. 후자는 구입한 사람보다 약하게 부는 사람이 만들었을 가능성이 크다. 어쨌든 호흡의 조절로 다장조의 음역이 나오면 상관없지만, 그렇지 않다면 곤란하다. 혼자 불 때는 나름대로 괜찮지만 다른 오카리나 혹은, 피아노, 기타 등과 합주를 하기는 힘들다'.

음정 밸런스가 나쁘다

기본음정은 맞는데 음계에 따라 불어보면 너무 음이 높아지거나, 너무 낮아지는 음이 있어서 거의 음치처럼 되어버리는 경우가 있다. 호흡을 조절하여 불 수도 있지만, 굉장히 불기가 힘들어 고도의 연주기술이 필요하다.

테이프를 붙이거나 해서 약간의 조정은 가능하지만 폐관악기이기 때문에 한 군데를 조정하면 그 음에서부터 위의 음이 전부 망치게 된다. 해당음 위의 음을 전부 조정(재조율)하지 않으면 안 되기 때문에 고역이다.

아주 센 호흡이 필요하다

호흡이 약한 사람은 불 수 없는 오카리나이다. 고음이 계속되거나 빠른 곡에는 대응하기 어렵다. 호흡량이 많이 필요하기 때문에 매끄럽게 곡을 연주할 수가 없다. 중간중간 연주가 끊겨 곡이 엉망이 되고 만다.

쥐기 어렵다. 조작이 어렵다. 무겁다

고음으로 올라갈수록 손가락을 오카리나에서 떼야 하기 때문에 쥐기 힘든 상태가 된다. 이 때 표면이 흘러내리기 쉽거나 무거운 것은 떨어뜨릴 위험이 있다. 떨어지면 깨지고 만다. 이것이 신경쓰여 부들부들 떨며 불게 되는 웃지 못 할 일이 발생하기도 한다.

오카리나 구입시 체크 포인트

오카리나는 가격이 높게 설정되어 있어서 프로가 만든 걸작이나 장인 정신이 담긴 고급 제품이라는 특별한 이미지를 가지고 있다. 하지만 가격이 비싸다고 하여 반드시 좋은 오카리나라고 말할 수 있을까?

실제로 값싼 오카리나 중에서도 좋은 것이 있고, 고가의 제품 중에서도 문제가 있는 오카리나는 있기 마련이다. 악기로서 아직도 계속 발전되고 있는 오카리나에 있어서는 '비싼 것＝좋은 것'이라는 원리가 통용되지 않는다. 오카리나를 잘 아는 사람의 도움으로 구입하게 되는 사람은 다행이겠지만, 그렇지 않은 사람은 가격이나 외양에 현혹되지 말고, 현재 많은 사람들이 이용하고 있으며, 많이 팔린 제품 가운데에서 고르는 것이 좋다.

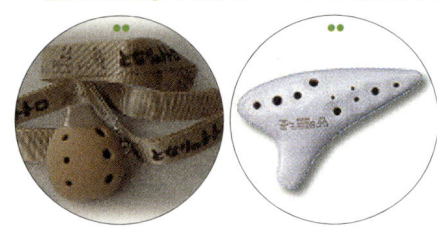

좋은 오카리나 찾아내는 법

처음 구입하면서 음정이 잘 맞는지를 정확히 알기는 어렵다. 하지만 반드시 불어보는 것이 좋다. 여성의 경우 립스틱을 깨끗이 지우고 부는 것도 예의가 될 것이다. 만약 불어보지 못하게 하는 악기점이나 제작자에게서는 구입하지 않는 것이 좋다. 불게 해볼 자신이 없는 것으로 해석하면 된다.

인터넷 등의 온라인 판매를 이용할 때는 반드시 반품 및 교환이 가능한지 여부를 알아본다. 그곳이 신뢰할 수 있는 곳인지를 기준으로 삼을 수도 있기 때문이다.

구입할 때의 체크 포인트

좋은 오카리나를 구입한 후에는 악기를 사랑하는 마음으로 정성스럽게 대하는 노력이 필요하다. 어떤 악기라도 계속 연주해줘야 한다. 그렇지 않으면 악기 자체가 자신의 능력을 충분히 발휘하지 않는다. 악기는 불면 불수록 소리도 좋아지고, 부는 사람에게 적응해 가는 특성이 있다.

열심히 부는 노력없이 무작정 "소리가 왜 이 모양이지!"라고 말하는 것은 제작자에 대한 실례가 될 것이다. 구입한 날부터 아름다운 음색이 나오리라고 생각하는 것은 지나친 욕심이다. 평소 복잡하고 어려운 것에 금방 싫증을 내는 사람이라면 비싼 오카리나를 사는 것을 다시 한번 고려해볼 필요가 있다.

▶ 오카리나 구입시 체크 포인트

❶ 열 손가락으로 작은 구멍 외에 모든 구멍을 다 막고 낸 음, 즉 다장조의 C 오카리나의 경우에는 '도', F 오카리니(바장조) 라면 '파', G 라면(사장조) '솔'에서부터 시작해, 모든 손가락을 전부 떼낸 상태의 음까지 편안한 호흡으로 낼 수 있는지 확인한다.

❷ 가장 높은 음부터 순서대로 막아가며 불어본다. 작은 구멍도 막고, 완전히 구멍이 막혔을 때까지 확인한다. 이것을 몇 번 반복한다. 음계를 높여갈 때나 낮춰갈 때, 소리가 자연스럽게 나는지 확인하는 절차이다.

❸ '솔' 음을 롱턴(호흡을 길게 하여 숨이 다할 때까지 소리 내는 것)하여 음정과 음색을 확인한다.

❹ '솔' 음부터 음계를 낮춰가며 음정을 확인하고 불기 어렵지 않은지 살핀다.

❺ '솔' 음부터 음계를 높여가며 음정을 확인한다. 잡음이 생기지 않는지 확인한다.

❻ 평소 잘 아는 쉬운 곡을 불어본다. 무리 없이 들리는지 확인하고 음정의 밸런스와 불어지는 정도를 살핀다.

❼ 음정 확인이 가능한 사람은 튜너 등을 가지고 가서 맞춰본다.

❽ 양손으로 쥐고 불기 쉬운가? 운지 구멍의 위치가 나빠 손끝에 무리가 오는 경우도 있다. 운지 구멍은 제대로 잘 막아지는가? 운지 구멍이 너무 커서 손가락이 들어가 버리는 경우도 있다. 손가락으로 구멍이 잘 막아지지 않고, 조그만 틈이 벌어져도 음정이 불안해진다.

❾ 통신판매나 인터넷 판매를 이용할 경우에는 반품교환이 되는지 확인한다.

초보자에게 맞는 첫 오카리나

오카리나는 크기에 따라 다음의 7가지 종류가 있다. 소프라노 C는 크기는 작지만 음이 높고, 베이스 C는 매우 크지만 낮은 음이 나온다. 각 옥타브별 종류의 특징을 알고 나서 자신에게 맞는 오카리나를 찾아내도록 하자.

부르는 이름은 메이커나 제작자에 따라서 여러 가지이다. 오카리나가 이렇게 여러 종류로 나뉜 이유는 오카리나 음역의 특성때문이다. 오카리나가 소화할 수 있는 음역은 1옥타브 반 정도이다. 그 이상의 음역이 나오는 곡을 연주하기 위해서는 오카리나 하나만으로는 연주가 불가능하다는 것이다. 그래서 보통, 음역이 다른 여러 개의 오카리나를 바꿔가며 연주한다. 이렇게 하여 가장 높고, 가장 낮은 음의 차이가 심한 곡도 자유롭게 연주할 수 있게 된다.

'음을 내기 쉽고 음색이 귀엽고 예쁘며, 작아서 가지고 다니기 쉬워 손에 잘 잡힌다…' 라는 여러 가지 이유로 소프라노 G와 소프라노 F를 처음 구입하는 사람이 많다. 만들어 파는 메이커나 제작자도 많아서 가장 구하기 쉬운 오카리나이다.

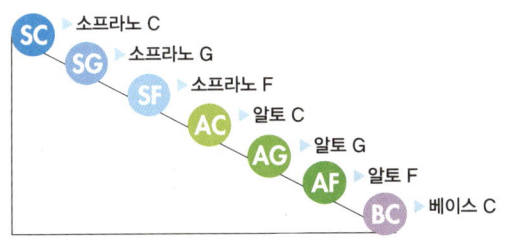

알토 C는 음(고음)을 내기 힘들고, 제작도 까다로워서, 그다지 좋은 악기가 아니라고 말하는 사람들도 있다. 하지만 반대로 이 악기를 제대로 불 수 있다면 다른 음정의 오카리나도 문제없이 불 수 있을 것이다. 게다가 다장조의 오카리나로 피아노 음과 똑같은 음이 나기 때문에, 처음 접하는 사람이 쉽게 적응할 수 있다는 잇점이 있다.

알토 F의 음계는 파, 솔, 라, 시 , 도, 레, 미, 파이다. 따라서 다장조의 악보를 연주하면, 바장조(F)가 된다. 다른 악기와 앙상블을 할 때는 상대의 악기에 비해 4도 올

리던가, 5도 낮춰서(조옮김 해서) 불어야 한다.

알토 G 오카리나도 마찬가지로 바장조의 악보를 불면 사장조(G)가 된다. 따라서 알토 F 오카리나처럼 상대 악기에 맞춰 조옮김해서 연주해야 한다.

➡️ **오카리나의 종류별 절대 음역**

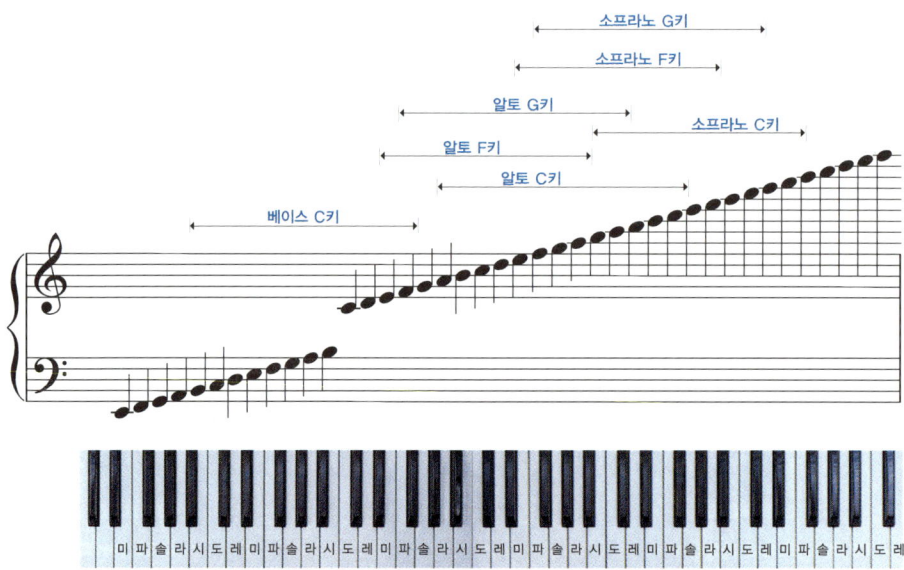

내 오카리나만 이상하다면?

오카리나를 구입한 당신. 이제 드디어 TV나 음악 CD에서 들었던 멋진 음을 상상하며 오카리나를 조심스럽게 쥐고 소리를 내기 시작할 것이다. 자, 어떤가? 마음에 드는 소리가 나오는가? 음…, 아직 그 정도는 아닐 것이다. 다장조의 악보들을 연습해 보고 차차 간단한 곡들을 소화해 나갈 정도가 되었다면, 마음속에서 스멀스멀 이런 생각이 떠오를 것이다.

> "난 음악에 소질이 없나봐. 아무리 해도 멋진 소리가 나오지 않는 걸? 혹시 부는 방법이 잘못 된 건가?"
> "저음을 불 때는 아무렇지도 않은데, 고음만 불면 소리가 이상해지네! 이거 불량품 아냐?"
> "이 만큼 열심히 했는데 소지로가 부는 것 같은 소리가 왜 안 나오는 거야?"

우리가 흔히 들어본 연주곡 CD는 녹음 후에 음을 아름답게 가공하는 과정을 거친 것이다. 편집기술은 나날이 발전해 가고 있다. 노래방에서 마이크에 에코를 넣고 부르면 우리의 투박한 노랫소리도 멋지게 달라지는 것처럼 말이다.

위와 같은 걱정을 하는 사람들은 주로 초보자들이 독학으로 오카리나를 익혔을 경우가 많다. 그리고 오카리나 품질에 대한 의문으로 발전되어 점점 오카리나를 부는 재미가 반감하기 시작한다.

오카리나를 구입했다면, 일단 그런 걱정들은 접어두고, 반년 정도는 그저 계속해서 불어줘야 한다. 연주 기술이 늘면, 조악한 품질의 오카리나, 불량품 오카리나를 반년 안에 스스로도 판명할 수 있을 정도가 된다.

처음 구입한 오카리나를 일정 기간 동안 불어주지 않고는 오카리나가 가진 본래의 음색을 들을 수 없다. 이제 막 구입한 오카리나는 그 오카리나가 낼 수 있는 최상의 소리가 아니다. 최소한 반 년 동안은 한가지 오카리나만을 계속 불어줘야 한다. 여러 가지 오카리나를 사다 놓고 오늘은 이 오카리나, 내일은 저 오카리나 식으로 연

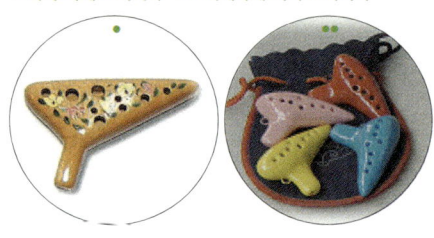

습해서는 안 된다. 오카리나는 악기마다 필요한 호흡의 양, 속도 등이 다르다. 음정의 밸런스도 다르다. 조가 바뀌면 그 차이는 훨씬 더 현저해진다. 오카리나 하나에 매달리지 않고 이것저것 바꿔부는 한은 결코 오카리나를 잘 불 수 없다.

매일 조금씩 꾸준히 연습했는데도 자신의 연주곡이 음치로 들린다면, 오카리나 자체가 음치(불량품)일 수 있다. 그때가 되면 오카리나 교환(새로 구입)을 고려해 볼만하다. 두 번째 구입하는 오카리나는 나름대로 안목이 생긴 후이기 때문에 좋은 오카리나를 구입할 가능성이 높아진다!

오카리나 관리는 부드럽고 정성스럽게

오카리나는 흙으로 만들어져, 약 20% 내외의 수분을 함유하고 있다. 그렇지만 오랜 시간 연습을 하거나 부는 방법이 잘못 되었을 경우에 침이 고이게 되어, 오카리나에 영향을 미칠 수 있다. 연습 후에는 침과 수분이 적절히 건조될 수 있도록, 통풍이 잘 되고 그늘진 곳에 20~30분 정도 자연스럽게 말리는 것이 좋다.
오카리나 본체는 부드러운 천으로 닦아주고, 억지로 내부를 닦으려고 하면 안 된다. 악기가 파손되거나 구멍이 갈라지거나 하면 소리에 이상이 생겨 악기를 버릴 수 있으므로, 늘 케이스에 넣어서 보관하는 버릇을 들이자.

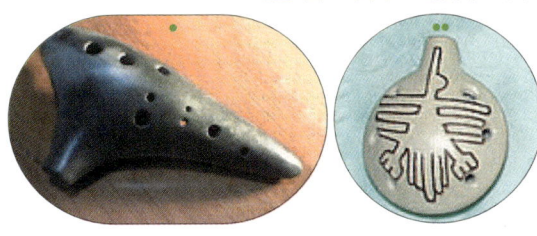

한편, 겨울철 기온이 떨어지면 오카리나 자체의 온도도 따라서 낮아진다. 그 결과 음정이 조금씩 떨어지고, 여러 구멍에 결로(結露:물건 표면에 작은 물방울이 생겨 달라붙은 것)가 생기기 쉽다. 이것에 대비해, 겨울에는 오카리나를 따뜻하게 보관하는 것이 좋다. 차가워진 오카리나를 따뜻하게 만드는 가장 간단한 방법은 오카리나를 부는 숨의 온도로 따뜻하게 만드는 것이다.

이 때는 엄지 손가락 끝으로 에지(소리구멍, 떨청)만 누른 채, '훅‒ 훅‒' 불어준다. 여기를 막지 않고 불면, 삑삑거리는 소리가 좀 시끄러울 것이다. 힘을 많이 주지 않고 가볍게 쥐고 따뜻하게 덮인다는 기분으로 공기를 불어넣어 보자. 가장 중요한 것은 오카리나를 너무 추운 곳에 두지 않는 것이다. 평소 오카리나를 보관하는 주머니 등에 잘 싸서 실온에 보관하는 것이 최선의 방법이라고 할 수 있다.

초보자에게 좋은 오카리나 악보

이 책에서는 초보자가 오카리나를 체계적으로 쉽고 간단하게 익힐 수 있도록 최선의 구성으로 악보와 연습곡 등을 배치해놓았다. 그럼에도 불구하고 왠지 이 책의 악보들이 어렵다거나, 더 다양한 연습을 해보고 싶다고 느낀 독자들이라면, 악보 위주의 오카리나 책을 구입해보는 것도 좋다.

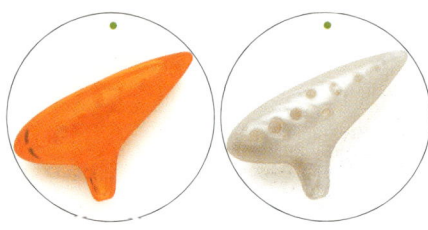

그러나, 가장 좋은 악보는 우리가 어릴 적 처음 '음악'을 접했던 바로 그것! 즉, 음악 교과서이다. 악보, 음악 등에 어려움을 느껴서, 의욕 넘치게 할 요량으로 사둔 오카리나를 썩히고 있다면, 고민하지 말고 초등학생 음악책을 구해 펼쳐보자. 가장 쉬운 동요부터 차근차근 익혀나가는 동안 오카리나에 대한 자신감이 서서히 들 것이다.

너무, 유치하다고?! 자, 그렇다면 중학생용 음악 교과서는 어떨까? 중학생용 음악 교과서에 나온 다양한 곡들을 쉽게 소화해낼 수 있다면 이미 당신은 자신만의 오카리나 소리에 꽤 익숙해져 있을 것이다. 그 다음은 고등학생용 음악 교과서….

거창한 계획과 욕심으로 가득했던 처음의 마음은 온데간데 없고, 매력 넘치는 오카리나를 책장 구석 먼지 속에 방치해두고 있다면, 그리고 이 책에서 소개하는 악보들마저 어렵게 느껴진다면, 당장 초등학생용 음악책을 구하러 나가보길 권한다.

PART 3
오카리나
왕초보를 위한 Q&A

오카리나, 알고 배우면 더 재밌다!

Q1 오카리나는 어떤 소재로 만들어져 있나요?

A1 오카리나는 점토와 나무, 플라스틱 등으로 만들어져 있습니다. 가장 많은 것은 물론 점토로 만든 오카리나 즉, 도자기형 오카리나인데, 일본에는 손 안에 들어가는 작은 크기의 코카리나라고 해서 나무로 만들어진 것도 있습니다. 코카리나는 세로로 긴 통형 오카리나입니다. 원형 오카리나와 비슷한 구조로 몇 개의 소리 구멍으로 음을 내게 만들어져 있습니다. 점토로 만들어진 것들 중에도 유약처리를 하지 않은 토기형이 대부분이지만, 유약처리까지 해서 만든 도자기 오카리나도 많습니다.

Q2 오카리나는 왜 구멍이 많은 거죠?

A2 오카리나에는 구멍이 많이 나 있습니다. 소리를 부는 구멍(취구)과 소리가 나오는 구멍, 또 음정을 변화시키기 위한 구멍(운지 구멍)입니다. 또 운지 구멍보다 더 작은 구멍이 추가되어 음역을 좀더 넓게 개선했습니다. 오카리나에서 가장 중요한 것은 소리를 내기 위한 '취구'입니다. 이것이 부서지면 소리가 나오지 않기 때문에 취구는 오카리나의 생명이라고도 할 수 있습니다. 오카리나는 보통 8~13개의 구멍으로 이뤄져 있습니다. 달걀형(원형) 오카리나에는 4개, 6개 구멍이 있는 것도 있습니다. 구멍이 적어질수록 음역은 좁아집니다.

가장 흔한 것은 12개의 구멍으로 만들어진 것으로 알토 C인 다장조의 오카리나입니

● 유약처리를 한 도자기제 오카리나 ●● 목제로 만든 코카리나 ●●● 구멍 수가 적은 오카리나

다. 이것은 낮은 라음에서부터 높은 파까지 1 옥타브 반의 음역을 가지고 있습니다. 물론 피아노 건반 상의 하얀 건반 외의 음들, 즉 #, b이 붙은 반음(검은 건반음)도 낼 수 있습니다.

Q3 오카리나의 손질법을 가르쳐 주세요.

A3 오카리나는 특별한 손질법이 필요하지 않습니다. 다만, 입으로 부는 악기이기 때문에 침이 많이 묻어있거나, 여성들의 경우 립스틱이 묻을 수 있으므로, 취구가 더러워지지 않도록 신경 쓸 필요가 있습니다. 너무 힘줘서 닦거나, 부주의하게 취급 하면 토기이기 때문에 부서질 위험이 있습니다. 그리고 너무 습기에 노출되지 않도 록 적당한 실온의 통풍이 잘 되는 곳에 보관해야 합니다.

Q4 오카리나 보관법은…

A4 오카리나는 폐관악기이기 때문에 플루트와 리코더와 같이 다 분 후에 속에 생 긴 수분을 닦아낼 수가 없습니다. 그러나 토기인 오카리나의 경우에는 자연스럽게 오카리나가 수분을 흡수해서 발산합니다. 이 오카리나 자신의 흡수, 발산의 호흡을 잘 지켜주면 수분대책은 필요 없습니다. 오카리나의 자연스러운 호흡을 막지 않도

● 오카리나는 부드러운 천 주머니에 보관하는 것이 좋다 ●● 오카리나는 구멍에 따라 여러 가지 음역이 존재한다

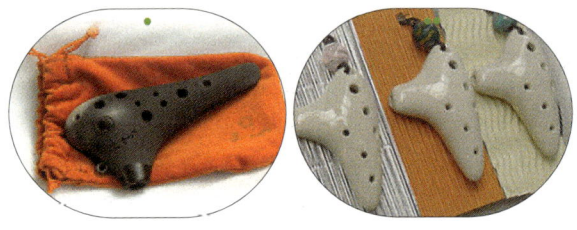

록 연주 직후, 바로 밀폐해서 보관하지 않는 것이 보관상의 주의할 점입니다.

충분히 건조하지 않은 채로 비닐 주머니 같은 곳에 넣어두게 되면, 오카리나의 호흡을 막게 되어 장시간 수분발산이 어려워지고, 그 결과 오카리나 속에 곰팡이가 생기게 됩니다. 특히, 비가 많은 여름철 우기나 장마 때 주의하세요.

Q5 오카리나를 불기 전에 지켜야 할 것은?

A5 차가워진 상태의 오카리나에 따뜻한 호흡을 불어넣으면 온도차에 의해 여러 구멍들에 결로(結露:물건 표면에 작은 물방울이 생겨 달라붙은 것)가 생깁니다. 이것을 예방하기 위해서는 연주하기 전에는 숨을 불어넣어 오카리나를 따뜻하게 만듭니다. 취구만 빼고 취구 뒤의 구멍을 엄지 손가락으로 가볍게 막아 쥐고 잠시 동안 숨을 불어넣습니다.

오카리나는 깊이 물지 않아야 합니다. 또 깨물어서도 안 됩니다. 가볍게 잡고 부는 것이 가장 좋습니다. 입에 대고 부는 악기이므로 연주 전에 군것질을 하지 않는 것이 좋습니다. 군것질을 하면 침이 생겨서 침의 분비가 많아지기 때문에 연주하기도 힘들고, 호흡만으로 공기를 불어넣는 것이 아니라 타액까지도 오카리나 속에 들어가 버리게 됩니다. 결과적으로 구멍에 수분이 과다하게 되므로, 결로가 생기기 쉬워집니다. 연주 30분 전에는 군것질이나 식사를 하지 않도록 주의합시다.

Q6 운지 구멍이 잘 안 잡혀요.

A6 같은 조의 오카리나라고 해도 소재, 두께에 따라 크기에 차이가 납니다. 따라서 취구의 위치도 크기도 각각의 개성이 있어서 제대로 누르려면 연습이 필요합니다. 취구가 입에 잘 물리지 않으면 거기에서 호흡이 빠져나가 음이 나빠집니다. 왠지 소리가 이상하다고 생각이 들면 운지 구멍을 잘 누르고 있나 확인해보세요.

운지 구멍을 제대로 누르는 연습은 오카리나를 불지 않아도 가능합니다. 오카리나를 입에 물지 않은 채 가볍게 들고, 솔 음의 운지를 합니다. 솔, 파, 미, 레, 도의 순서로 손가락을 막아갑니다. 몇 번씩 반복해 연습해야 합니다. 이것이 잘 되면 그 다음에야 입에 물고 소리를 냅니다. '토- 토- 토- 토-'라고 가볍게 음을 붑니다.

낮은 도부터 높은 도까지, 높은 도부터 낮은 도까지 손가락을 막아갑니다. 반복해서 하는 동안에 오카리나가 손에 익숙해지고 손가락이 운지 구멍의 위치를 익혀갑니다. 이 정도의 연습이라면 TV를 보면서도 가능합니다. 떨어뜨려도 괜찮도록 바닥에 방석이나 푹신한 것을 깔아두고 연습하세요.

왼쪽 새끼 손가락으로 누르는 구멍은 사람들을 가장 괴롭히는 운지 구멍입니다. 최고음 파 이외의 음일 때는 늘 손가락으로 막고 있어야 하는 구멍인데, 어느 새인가 새끼 손가락이 조금씩 밀려나가 손가락 사이로 틈새가 생깁니다. 아직 운지법이 익숙해지지 않는 동안은 셀로판 테이프로 살짝 막아두고 연습하는 것도 한가지 요령입니다.

Q7 오카리나는 세척할 수 있나요?

A7 오카리나를 다루는 법은 소재에 따라 다릅니다. 표면을 가공한 도료나 표면 마감 재료에 따라 다르게 됩니다. 도자기와 플라스틱 오카리나는 세척이 가능합니다.

그러나 구멍이 손상될 우려가 있어 보통은 세척을 하지 않습니다. 표면에 도료 등으로 아름답게 색을 칠한 것, 그림이 그려진 것, 표면에 광택을 주기 위해 마감재로 칠한 것은 균열의 우려가 있으므로, 설명서에 '물 세척 금지'라고 명기해 두는 경우도 있습니다.

물 세척 금지 표시가 없더라도 뭔가가 칠해져 있거나 그려져 있다면 세척하지 않는 것이 좋습니다. 그렇다면 어떤 경우에 세척하는 것이 좋을까요?

❶ 오카리나 속에서 가루나, 찌꺼기 같은 것들이 나왔을 때
❷ 내부에 곰팡이가 피었을 때
❸ 여러 사람이 불어 위생상 좋지 않다고 느껴질 때

Q8 오카리나 세척 방법을 알고 싶어요.

A8 다음과 같은 방법으로 세척하세요.

❶ 큰 그릇 등에 미지근한 물이나 세척액을 넣습니다. 그릇이 클 수록 오카리나가 부서지거나 파손될 확률이 적어집니다.
❷ 먼저 오카리나를 넣고 물속에서 가볍게 흔들어 씻어줍니다.
❸ 그런 다음, 취구에 물을 흘려 넣어, 다른 구멍들에서 물이 씻겨 나오게 합니다. 수압으로 오카리나 내부가 씻기도록 하는 것이 요령입니다.
❹ 세척이 끝났으면 타월로 수분을 부드럽게 닦아낸 다음, 건조시킵니다. 젖어있는 동안은 음정이 낮아지고 음색도 변화하지만 완전히 건조가 되면 원래의 상태로 되돌아옵니다.

Q9 어떻게 해야 음정을 맞출 수 있나요?

A9 오카리나는 호흡을 조절하여 음정을 맞춥니다. 운지표의 '도'로 불어도 호흡이 약한 사람은 음정이 '도'보다 낮아지고, 호흡이 강한 사람은 '도'보다 높게 올라

갑니다. '도' 뿐만이 아니라 모든 음이 그렇다고 할 수 있죠. 즉, 낮은 도에서부터 도, 레, 미, 파… 라고 음계를 불어가고 싶지만, 오카리나는 저음은 불안정하고, 고음은 정확한 소리를 내기가 힘듭니다. 그래서 가장 안정정익 음인 '솔' 음부터 잡아나가는 것이 좋습니다.

'솔'을 자연스러운 호흡으로 불어보세요. 그리고 점차 길게 부는 연습을 합니다. 호흡의 세기가 달라져 도중에 음이 떨리지 않도록 조절하며 연습해야 합니다.

'솔' 부터 숨을 천천히 약하게 하면서 솔파, 파미, 미레, 레도 식으로 2개의 음을 비교해 가면서 음계를 내려가며 낮은 음 '도'를 정합니다. 자, 이제 '도' 음과 호흡의 세기를 기억해 둡니다. 몇 번씩 반복해 가며 솔파, 파미, 미레, 레도를 불어보는 것이 중요합니다. 낮은 도 음을 너무 많이 불면, 코가 막힌 듯한 소리가 납니다. 한번에 너무 많이 불지 않도록 하세요.

다음으로 '솔' 에서부터 숨을 천천히 강하게 하면서 솔라, 라시, 시도 식으로 음계를 올려가며 높은 '도'를 결정합니다. 몇 번씩 해봐야 합니다.

이번에는 높은 '도' 에서부터 낮은 '도' 까지 음계를 내려가며 불어봅니다. 낮은 '도' 음이 조금전 불어본 음과 같은 음입니까? 너무 세게 분 것 같지는 않나요? 다음으로 낮은 '도' 에서부터 높은 '도' 까지 음계를 높여갑니다. 역시 조금전 불어본 높은 '도' 음인지, 세기는 같은지 확인해야 합니다.

맨 가운데의 '솔' 음과 낮은 '도' 음, 높은 '도' 음이 음정에 맞는지 안 맞는지를 튜너나 피아노 등 다른 악기로 확인할 수 있으면 그것이 가장 좋습니다.

Q10 오카리나의 음정은 정해져 있나요?

A10 오카리나는 누구라도 구입한 그날부터 소리를 낼 수 있고, 곡을 연주할 수

있는 쉬운 악기입니다. 그런 반면에 음정을 정확하게 내기란 퍽 어려운 악기입니다. 세게 불면 음정이 올라가고, 약하게 불면 떨어지는 식으로 부는 호흡의 세기에 따라 반음 정도는 늘 올라갔다, 내려갔다하는 것이 일상적입니다. 또 날이 추우면 음이 떨어지고 더우면 올라가서 기온에 따른 변화에 영향을 쉽게 받는 악기이기도 합니다.

오카리나는 저음은 불안정하고 고음은 내기 어려운 악기입니다. 이것은 오카리나의 구조적인 문제로 저음은 미세한 호흡의 조절이 필요하고, 고음은 호흡법, 속도, 부는 각도를 조절하는 등 여러 가지 기술이 필요한 악기이기도 합니다.

Q11 연습 중 다루는 법에 대하여

A11 연습 중 오카리나를 떨어뜨리면 금방 부서지고 맙니다. 운지 구멍이 금이 가거나 부서졌다면 이미 악기로써의 생명을 다한 것과 마찬가지입니다. 소리 구멍의 일부가 부서지는 것만으로도 음정은 불안해집니다. 만약 떨어뜨려 부서졌다면 도자기용 접착제(순간접착제)로 붙이는 것이 가능하지만, 조율 밸런스가 미묘하게 불안정해지는 경우도 있습니다. 부디 깨지거나 떨어뜨리지 않도록 주의하세요.

테이블 등 딱딱한 것 위에 둘 때는 타월 등 두꺼운 천을 깔고 그 위에 놓아두세요. 테이블에 그냥 놔둬서 테이블과 부딪혀 깨뜨리는 경우도 종종 있습니다. 잠시 안전하게 보관하려면 소리 구멍이 아래를 향하게 놓아둡니다. 악기 위로 뭔가가 떨어지더라도 최소한 소리 구멍만은 부서지는 것을 방지하기 위해서입니다. 또한 다른 물건 위에 올려두어도 안 됩니다. 무릎에 올려놨다가 떨어뜨리는 사람도 있습니다. 의자에 둔 채 자리를 떴다가 의자가 움직여 떨어지는 경우도 있고, 추운 날씨에 악기를 따뜻하게 하려고 가슴에 품었다가 갑자기 일어나면서 떨어뜨리는 경우도 있습니다. 이렇게 하나하나 언급했으니, 이런 일로 깨뜨릴 일은 절대 없겠죠?

Q12 메이커 제품은 수제품이 아닌가요?

A12 오카리나는 메이커에서 만들어 시판되는 것과 개인 제작자에 의한 것, 2가지가 있습니다. 그 차이는 메이커는 많은 스탭들이 한꺼번에 제작하기 때문에 대량 생산이 가능하고 유통도 그만큼 쉽다는 것이고, 개인 제작자 제품은 한 사람이 혼자서 제작하기 때문에 유통량이 적다는 것밖에 없습니다.

'손으로 만들고 있습니다' 라든가 '한 개 한 개 마음을 담아서⋯' 라는 식의 핸드 메이드, 즉 수공품이라고 일부러 강조하는 오카리나가 있는데, 메이커 제품도 한 개 한 개 사람이 손으로 만드는 수제품입니다. 그러니까 흙으로 만들어진 경우 수제품이 아닌 오카리나는 있을 수 없습니다.

오카리나 제작은 완전한 자동화가 불가능합니다. 굽는 것, 음을 내는 악기로 정확하게 조율하는 것 등 극히 치밀한 작업이 필수적으로 필요하기 때문입니다. 따라서 오카리나를 분류할 때는 '양산품' 과 '수제품' 이라고 하는 식의 분류는 맞지 않습니다. 또 역시, 메이커 제품=양산품, 개인 제작자 제품=수제품, 이것도 성립하지 않습니다. 오카리나는 메이커 제품도 개인 제작품도 모두 '수제품 오카리나' 입니다.

메이커에서는 많이 만들어내기 위한 수단으로 '틀(mold, 형합)' 을 사용하는데, 이것은 개인 제작자도 마찬가지입니다. 틀을 이용하지 않고 순수하게 손으로만 빚은 제품은 기포가 많이 생기기 때문에 메이커는 물론, 개인 제작자도 대부분 안정된 제작을 할 수 있는 '틀' 을 이용하고 있습니다.

틀을 사용하지 않는 손으로 빚은 제품이라는 것은 직물로 말하자면 컴퓨터로 제작한 자동기계로 짠 천과 비교해 수직기(手織機)로 짠 고급 천의 이미지가 강할 테지만, 오카리나에게 있어서는 앞에 든 이유로 인해 이 경우와 다르다는 것을 알아야 합니다.

Q13 집에서 오카리나를 연습할 때의 주의할 점

A13 오카리나는 소리를 내는 악기이기 때문에 집에서 연습하는 데 많은 장애요소가 있습니다. 주변 사람들을 의식하지 않을 수 없으므로 오카리나 연습시에는 다음의 사항들을 살펴보고 충분히 주의하도록 합시다.

❶ 너무 이른 아침과 늦은 밤에는 불지 않도록 합니다. 휴일 이른 아침 등에는 푹 쉬는 사람들이 많고, 밤 늦게는 수험생이나 갓난 아기, 잠귀가 밝은 사람들에게 피해를 끼칠 수 있습니다. 밤에는 평소보다 오카리나 소리가 멀리까지 들리므로 주의하세요.

❷ 창을 열지 말고 방문도 꼭 닫아둔 채 연습합니다.

❸ 지겨울 정도로 장시간 연습하지 않습니다. 시끄럽다고 느껴지기 전에 연습을 끝내는 것이 좋습니다.

❹ 주변을 너무 의식해서 연습하게 되면 나쁜 연주버릇이 생깁니다. 즉, 너무 살살 부는 스타일이 되거나 해서, 정작 제대로 불 때는 호흡의 세기와 음정을 정확히 맞추기 어렵게 됩니다. 연습할 수 있는 환경이 된다면 때를 놓치지 말고 열심히 연습하도록 합시다.

PART 4

기본기 익히기편

오카리나를 불어보자

오카리나의 기본 원리

오카리나는 음향학적으로 일반적인 폐관악기들과는 조금 차이가 있다. 볼록한 항아리형 용기 속의 공기가 공진(共振)하면서 소리가 난다고 하여 항아리형 악기로 분류되기도 한다. 실제로 오카리나를 공부할 때는 구체적으로 다른 피리, 즉 세로로 부는 리코더 계열(縱笛) 등과 어떻게 다른지 알아둘 필요가 있다. 그렇다면 오카리나는 어떤 원리에 의해 소리가 나는 것일까? 그 기본구조와 발음원리를 살펴보자.

소리를 만드는 원리

일반적인 피리와 마찬가지로 공기가 에지에 닿으면서 소리가 난다. 여기에는 2가지 이론이 있다. 첫째, 공기가 닿는 에지 표면에서 카르만 와류(渦流)가 발생해, 그것이 공기분자에 진동을 주고, 조밀파가 되어 관의 끝까지 가서 반사해서 돌아오는 것이다. 둘째, 호흡이 에지를 통해 안으로 들어가는 공기 때문에 오카리나 내부의 압력이 올라가 에어빔이 짓눌려 나오게 된다. 그러면 이번에는 관 내부의 압력은 낮아지고 짓눌린 에어빔은 관의 내부로 끌어당겨진다. 이것이 반복되는 것에 따라 소리가 난다. 즉, 에어빔이 진동하는 것이다.

* 카르만 와류(Karman Vortex) : 막대 형태의 물체를 유체 속에서 적당한 속도로 움직였을 때, 그 물체의 양쪽에 서로 반대방향의 기류가 생겨 물체의 후방에 양쪽 번갈아가며 큰 진동을 발생시키는 것. 미국의 카르만에 의해 이론적으로 정리되었다. 1937년 미국 타코마 해협에 건설된 아

름다운 다리 타코마 브리지가 바로 이 카르만 와류에 의한 공진 때문에 무너져 그것이 더욱더 확실하게 증명되었다.

오카리나를 실제로 연주하는 우리들에게는 어떤 이론이 원리가 되든 크게 상관없지만, 소리가 나기 위해서는 여러 가지 원리가 작용하고 있는 것을 알 수 있다.

소리가 나는 원리에 있어서 가장 중요한 것은 파장(음정)을 결정하는 것이 피리의 본체 크기인가 피리의 길인가의 문제이다. 오카리나에서 중요한 것은 전체 체적(體積:본체의 면적)에 대한 개구부(開口部:취구)의 크기(면적과의 조화)가 음정을 정하는 것에 비해, 일반적인 피리는 취구부터의 길이가 음정을 결정한다.

참고로 이에 비해 피리의 두께는 음정이 아니라 음색을 결정하는 기반이 된다.

보다 구체적으로 살펴보면, 일반 피리는 운지 구멍의 위치(높이)가 음정을 결정하는 데 중요한 요인이 되지만, 오카리나는 위치가 어디이든 상관없는 것이다. 이것은 손의 크기나 모양, 손가락의 두께에 맞춰 운지 구멍의 위치를 자유롭게 설계할 수 있는 장점이 있는 것이다.

배음

배음(倍音)은 진동체의 기본음을 기준으로 2배, 3배 등 정수로 배가 되는 음을 말한다. 플루트는 3옥타브나 소리를 내지만, 보통의 음은 최저음부터 약 1옥타브밖에 나오지 않는다. 2옥타브와 3옥타브는 배음을 사용하는 것이다. 플루트의 경우 소리의 세기와 강도를 이용해 옥타브를 넘나들 수 있다. 똑같은 운지로도 호흡을 조절하여 다른 옥타브의 소리를 낼 수 있다는 것이다. 하지만 안타깝게도 오카리나의 경우에는 배음을 이용할 수가 없다. 그래서 음역이 좁아지는 특징을 가지게 되는 것이다.

오카리나 운지의 특수성

제작 단계에서 오카리나의 운지를 어떻게 설정하는가도 제작자의 자유이다. 예를 들어, 도에서 레로 바뀌는 데에 어떤 손가락을 써도 상관이 없다는 뜻이다. 그러나 그렇게 되면 모든 오카리나 연주자들이 혼란을 겪을 수 있으므로, 일반적인 운지법을 설정해 놓는 것이 보통이다. 따라서 손가락 옮기기는 당연히 다양한 가능성이 있기 때문에, 자유로운 조합을 만들어내는 것이 가능하다.

실제음

악보에 기록된 음이 아닌 실제로 나오는 음을 말한다. C 키의 오카리나는 실제 옥타브상의 음이 나온다. F 키라면 악보에 써있는 음보다 4도의 차이가 나는 음이 나온다. 즉, '도'를 불었다면 '파' 음이 나온다는 뜻이다. 피아노 건반을 눌러가며 확인해보면 바로 알 수 있다.

음정

오카리나의 음정이 맞지 않는 것들도 있다. '솔' 음을 불었음에도 불구하고 정확한 '솔' 음이 나지 않는 경우이다. 왜냐하면 사용자 자신이 부는 호흡의 속도와 세기에 의해 음정이 반음씩 떨어지거나 올라가기 쉬운 악기이기 때문이다. 그래서 어렵다고 하겠지만 그 대신 미묘한 표현이 가능한 점도 있다.

구입한 악기가 그냥 최적의 소리가 나올 것이라고 기대하지 않는 편이 났다. 즉, 스스로 그 오카리나에 맞는 최적의 음을 내는 법을 찾아내 터득해야 한다.

기온

왜 기온이 높아지면 음정이 높아지는 것일까? 기온이 높아지면 오카리나도 미묘하게 팽창해 커지면서, 음정이 낮아진다. 반대로 겨울에는 오카리나가 축소되면서 음정도 높아진다. 날씨나 주변의 온도에 따라 음정도 조금씩 달라진다는 사실을 기억하자.

오카리나의 음과 운지 연습

오카리나의 음역

오카리나는 보통 다음과 같은 음역(소리를 낼 수 있는 범위)을 가지고 있다. 음의 이름은 도레미파솔라시도로 표기했으므로 여기서는 그 명칭과 악보상의 위치를 알아보고 넘어가도록 한다.

라 시 도 레 미 파 솔 라 시 도 레 미 파

오카리나의 종류와 조(調)

악보에 씌어진 음을 '악보상의 음'이라고 하는데, 피아노 등의 악기에서는 그 음을 치면 같은 높이의 음이 나오게 되어있다. 그런데 오카리나 가운데에는 악보상의 음과 그 실제의 음을 연주했을 때 나는 음이 다른 높이로 나는 것이 있다. 이와 같은 악기를 '조옮김 악기'라고 하는데, 악보상의 도(C) 음을 연주했을 때 파(F) 음이 나오는 오카리나를 F 조(키) 오카리나, 솔(G) 음이 나오는 것을 G 조 오카리나라고 부른다.

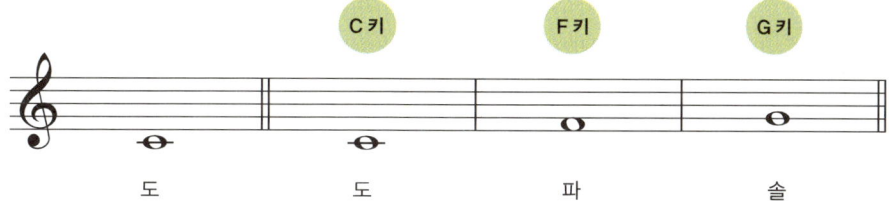

이 책에서는 악보를 읽기도 쉽고 이해하기 쉽도록 실제로 많이 사용하는 알토 C 키의 오카리나를 사용하여 연습하도록 한다. 음을 내는 방법은 어느 오카리나도 마찬가지이므로, 현재 자신이 가지고 있는 오카리나가 다른 키의 오카리나라도 전혀 상관없이 책의 흐름에 따라 연습할 수 있다.

음명과 표기법

음명(이름)은 우리가 흔히 알고 있는 '도레미파솔라시도…'와 같은 이탈리아식 표기법 외에도 영어와 우리나라말로 표기하는 방식이 있다. 이 책에서는 실제로 불 때는 '도레미…'식의 이탈리어로, 곡의 조를 나타낼 때는 '다장조, 사장조…'와 같은 우리나라말로, 그리고 악기인 오카리나의 키(조)를 나타낼 때는 'C 키, G 키…'식으로 표기를 통일한다. 이탈리아어인 음이름만 확실히 알고 있으면 연주하는 데 큰 어려움이 없지만, 다른 표기법도 알아두도록 한다.

표기방식	음이름						
이탈리아어	도	레	미	파	솔	라	시
영어	C	D	E	F	G	A	B
한국어	다	라	마	바	사	가	나

LESSON 1 :: 오카리나 불기

● 오카리나 운지법과 표기법

이 책에서는 알토 C 오카리나를 기준으로 손가락을 놓는 방법인 운지법(運指法)과 함께 앞으로 연습할 때 사용되는 표시를 알고 넘어가도록 하자. 악기를 제대로 집고 운지를 해야 정확한 소리가 나오므로 정확히 알아둔다. 오카리나는 입을 대는 취구라고 하는 곳에 호흡을 불어넣어 소리를 낸다. 양손으로 누르는 구멍은 기본적으로 12개가 있는데, 각각의 구멍의 위치는 그림과 같다. 보통 몇 개의 구멍을 가졌는가 할 때는 이 취구와 오카리나 후면의 소리 구멍은 포함시키지 않는다.

1. 기본 손가락 위치

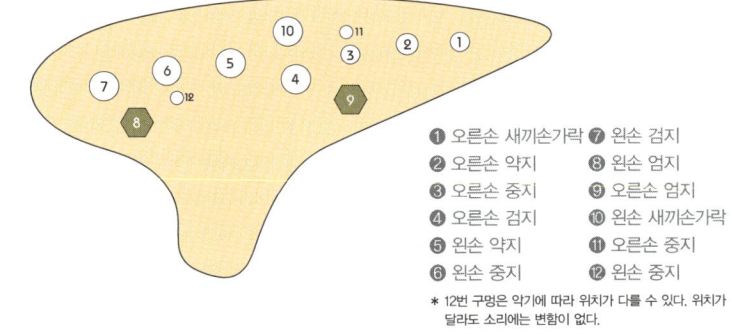

❶ 오른손 새끼손가락 ❼ 왼손 검지
❷ 오른손 약지 ❽ 왼손 엄지
❸ 오른손 중지 ❾ 오른손 엄지
❹ 오른손 검지 ❿ 왼손 새끼손가락
❺ 왼손 약지 ⓫ 오른손 중지
❻ 왼손 중지 ⓬ 왼손 중지

* 12번 구멍은 악기에 따라 위치가 다를 수 있다. 위치가 달라도 소리에는 변함이 없다.

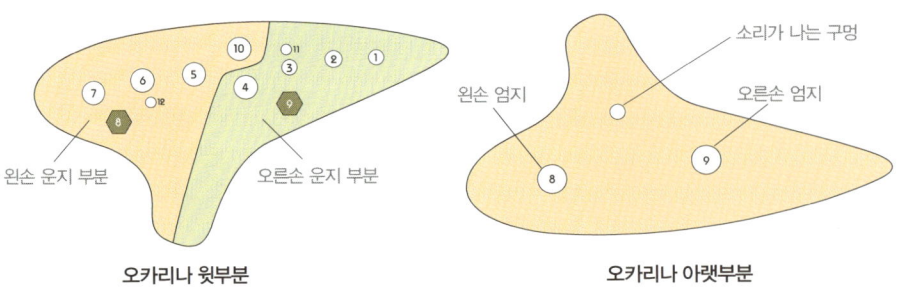

왼손 운지 부분   오른손 운지 부분

오카리나 윗부분

소리가 나는 구멍
왼손 엄지   오른손 엄지

오카리나 아랫부분

2. 표기 보는 법

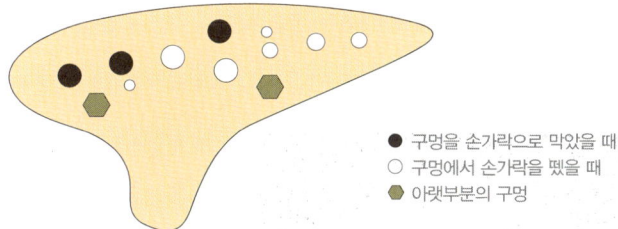

● 구멍을 손가락으로 막았을 때
○ 구멍에서 손가락을 뗐을 때
● 아랫부분의 구멍

● 악기 잡는 법과 올바른 연주 자세

손가락 끝의 도톰한 살 부위로 구멍을 막는다. 소리가 세지 않도록 주의한다.

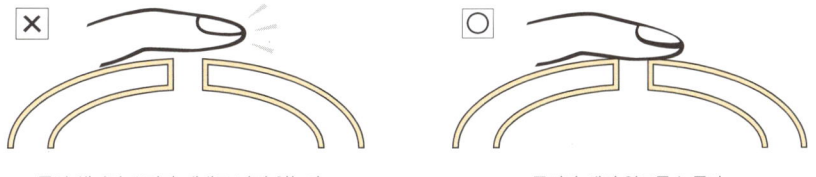

틈이 생기면 소리가 제대로 나지 않는다   공기가 세지 않도록 누른다

이제 부는 자세를 취해보자. 몸이 앞으로 굽여지지 않도록
허리를 편다. 어깨나 손가락에 너무 힘이 들어가면 연주도
힘들고 빨리 지치게 되므로 어깨에 힘을 빼고 편안한 자세
를 취한다. 오른쪽이 조금 내려가도록 잡다.

오카리나를 입에 물고 서 있는 모습
: 정면을 바라보고 오른쪽이 조금 내려가도록 오카리나를 잡는다

● 소리 내기

자, 드디어 소리 내는 방법을 배울 차례다. 오카리나를 바르게 잡고 소리를 내보자.
비교적 안정된 음이라고 할 수 있는 중간음 '솔'을 이용해 시작해보자.

1. 솔(G) 연습

솔음은 왼손을 막고, 오른손은 오카리나 아랫부분의 엄지 손가락으로만 막는다.

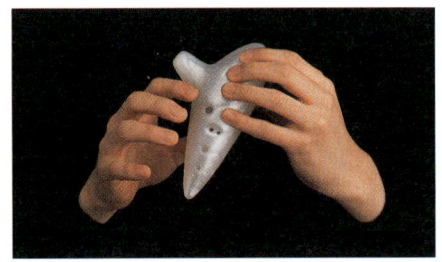

왼손은 전부 막고 오른 손은 엄지만 누른다

2. 바르게 소리 내기

솔음을 위한 운지를 취했다면, 이제 호
흡을 불어넣는 취구에 입술을 가볍게
대고 똑바로 공기를 불어넣는다. 손가
락으로 막은 구멍에 틈이 생기면 음정
이 제대로 나오지 않으므로 주의해야
한다.

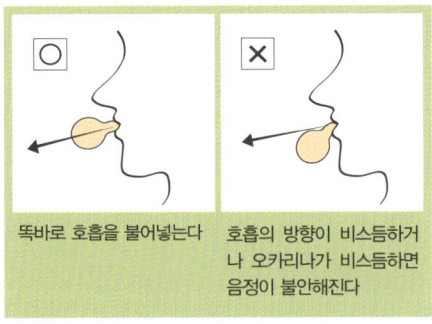

똑바로 호흡을 불어넣는다

호흡의 방향이 비스듬하거
나 오카리나가 비스듬하면
음정이 불안해진다

● 호흡법

오카리나 같은 관악기는 호흡방법이나 혀의 사용법에 따라 소리가 많은 영향을 받는다. 좋은 소리를 내기 위한 호흡법과 혀의 테크닉을 설명한다.

1. 복식호흡 하는 법

호흡방법에는 가슴으로 하는 흉식호흡과 배로 하는 복식호흡 2가지가 있다. 오카리나뿐만 아니라 거의 모든 관악기는 호흡이 필수적이다.

2. 복식호흡 연습하기

몸에 힘을 빼고 가볍게 서서 호흡동작만을 연습해 보자. 배쪽 근육이 접히지 않도록 허리를 쭉 편 상태에서 숨을 마시거나 뱉어본다. 배에 손을 대고 복식호흡이 제대로 되고 있는지 체크해 가며 연습한다. 복식호흡의 연습방법은 2가지이다.

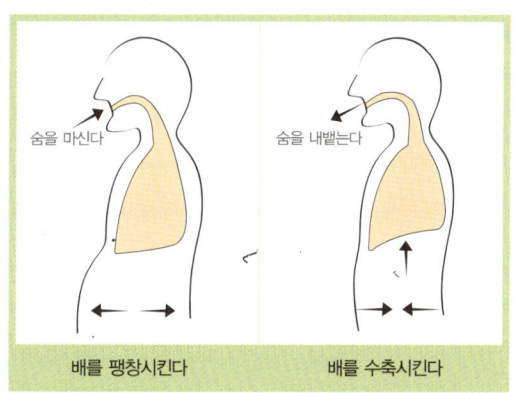

첫째, 같은 간격으로 마시는 호흡과 내쉬는 호흡을 일정하게 연습한다. 즉, 5초 들이마셨으면 5초 내쉬는 식이다. 하나, 둘, 셋, 넷, 다섯… 들이마시고, 하나, 둘, 셋, 넷, 다섯… 하고 내쉰다. 둘째, 첫 번째 방법이 익숙해져서 들이마시는 것과 내쉬는 것이 같아졌으면, 이번에는 들이마시고 2~3초 숨을 멈춘다. 그런 다음 내쉰다. 물론, 들이마시고 내쉬는 간격은 똑같아야 한다.

● 롱턴 연습

복식호흡을 익혔으면 오카리나를 쥐고 앞에서 불어본 '솔' 음을 길게 부는 '롱턴'을 연습해 보자. 롱턴은 바른 음을 내는 법을 몸에 익히기 위해 꼭 필요한 것으로 초보자에게 있어서는 가장 중요한 연습법이라고도 할 수 있으므로 확실하게 익혀야 한다.

■ 'J = 60' 의 템포(1박자는 1초)로 7박자로 음을 늘어뜨려, 다음에 오는 4분 쉼표 부분에서 숨을 들이마쉰다. 일정한 세기로 안정된 음이 나오도록 반복해서 연습해보자. 숨을 마실 때는 입술을 어떻게 조절해야 공기가 자연스럽게 흘러 들어가는지 느끼는 것이 요령이다.

■ 음을 더 길게 늘이는 연습이다. 처음에는 빠른 템포로 연습을 하고, 천천히 느린 속도로 연습해 나간다. 안정된 음을 최대한 계속 이어서 내는 것이 중요하다. 몇 번이고 반복 연습한다.

음악
정보

음표와 부호의 길이, 템포 익히기

음표나 쉼표는 형태적으로 길이를 나타낸다. 다음의 그림을 보고 여러 가지 음표와 쉼표의 길이를 익혀두자. 4분 음표(♩)를 1박자로 했을 때 음표마다 길이가 어떻게 다른지 확인하도록 한다.

음표의 길이

부점이 붙은 음표의 길이

음표에 붙은 부점은 점이 붙기 전 음표의 1.5배의 길이가 된다.

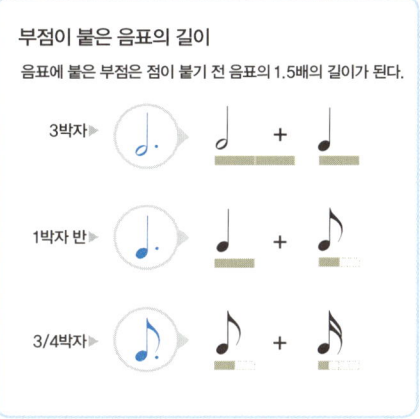

쉼표의 길이

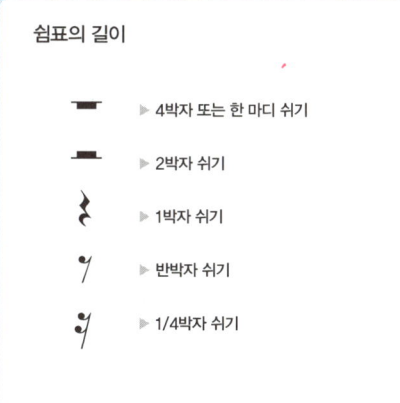

곡의 템포

곡의 템포(빠르기)를 표기하는 법은 몇 가지가 있지만, 이 책에서는 다음과 같은 '메트로놈 기호'를 이용한다. 실제로 메트로놈 등을 표시한 템포대로 켜놓고 연습하면 효과적이다.

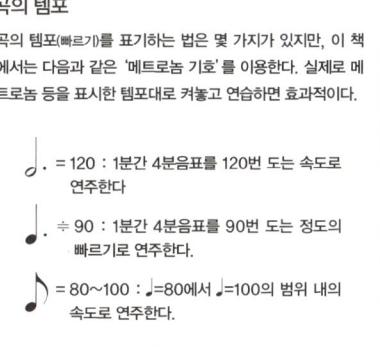

● 텅깅 연습

'텅깅(Tonguing)'은 복식호흡과 마찬가지로 폐관악기를 연주할 때 중요한 기본기술의 하나이다. 오카리나 연주 시 혀를 이용하여 공기를 불어넣거나 끊는 것을 말하는데, '투(too-)'라고 발음할 때처럼 혀를 윗니 안쪽에 댔다가 떼면서 텅깅한다. 이때 일부러 '투' 음을 내는 것은 아니다.

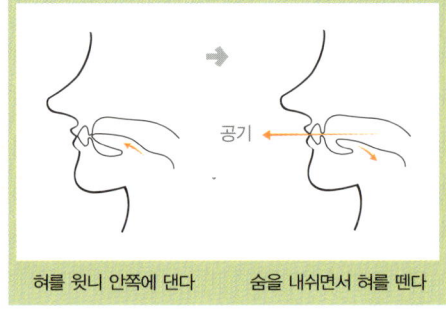

공기

혀를 윗니 안쪽에 댄다   숨을 내쉬면서 혀를 뗀다

투— 　투— 　투— 　투 투 투 투 　투 투 투

■ 여러 가지 길이의 음표로 텅깅 연습을 한다. 복식호흡이 되는지 안 되는지도 신경써가며 텅깅을 해보자.

투— 　　투— 　　투— 투 　투— 투

■ 이번에는 음을 끊는 타이밍에서 혀를 윗니 안쪽에 대고, 호흡의 흐름을 막아 음을 멈추는 것이다. 이렇게 하면 거칠지 않고 깨끗하게 음을 끊어서 낼 수 있다. 또 쉼표를 만났을 때는 혀를 이에 댄 채로 있어야 하며, 다음 음은 그 상태에서 텅깅을 시작해야 한다.

LESSON 2 :: 다장조 음계 연습

● 다장조의 음계

다장조의 음계 연습을 시작한다. 다장조의 음계는 다음과 같이 낮은 음 '도'에서부터 높은 음 '도' 까지 1 옥타브에 8개의 음으로 이뤄져 있다.

● 오른손 연습

먼저, 오른손의 낮은 음부터 익혀보자. 앞에서 익힌 '솔' 음의 아래 음으로 내려가는 순서로 배우게 된다. 솔 음에서부터 오른쪽 손가락을 하나씩 막아 가면 순서대로 낼 수 있는 운지이다. 낮은 음들이므로, 너무 세지 않은 호흡으로 부드럽게 불어야 한다.

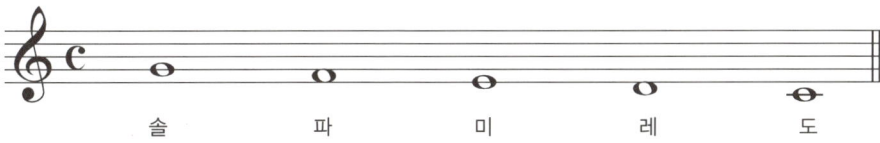

1. 파(F) 연습

'파' 음은 '솔' 음을 누른 채, 오른손 검지손가락으로 4번 구멍을 누르면 된다.

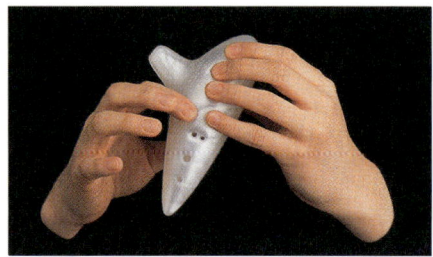

파를 누르고 있는 운지

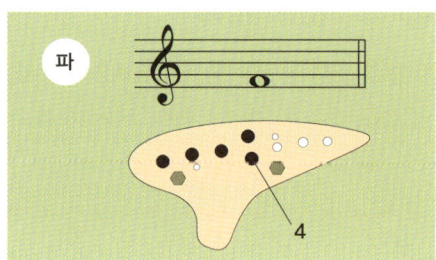

■ 앞에서 익힌 롱턴으로 연습을 한다. 안정된 음이 나오도록 불자. 이후로도 새로운 음계를 익히게 되면 먼저, 롱턴으로 연습을 하고 나서 다른 연습에 들어가도록 하자

파 솔 파 솔 파 솔 파

■ 솔과 파를 번갈아 가며 연습한다. 텅깅의 타이밍이 잘 맞도록 오른손 검지손가락을 눌렀다, 뗐다 한다.

2. 미(E) 연습

'미' 음은 '파'를 누른 채, 오른손 중지손가락으로 3번 구멍을 누르면 된다. 이때 11번 구멍을 함께 누르지 않도록 주의해야 한다.

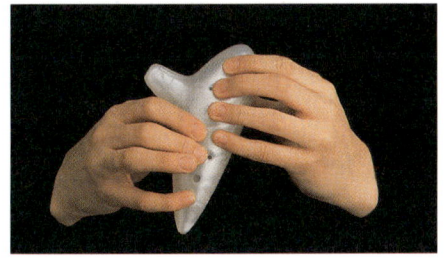

미를 누르고 있는 운지

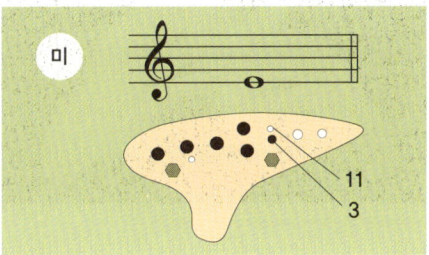

미 파 솔 파 미 파 솔

■ 미부터 솔까지 3개의 음을 연습한다. 텅깅의 타이밍을 잘 확인해가며 음 하나하나를 정확히 내도록 반복 연습한다.

미 솔 파 솔 미 솔 미

■ 이 연습에서는 미와 솔의 음이 이어지는 부분의 운지를 주의해가며 연주한다. 오른손 검지손가락과 중지손가락을 동시에 움직이는 것이 포인트이다.

3. 레(D) 연습

'레'는 '미'를 누른 채, 오른손 약지손가락으로 2번 구멍을 누른다.

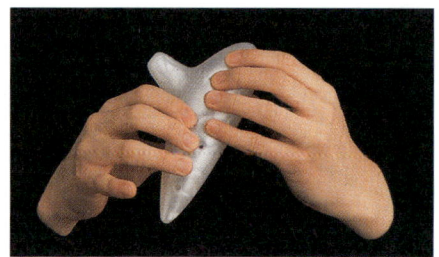

레를 누르고 있는 운지

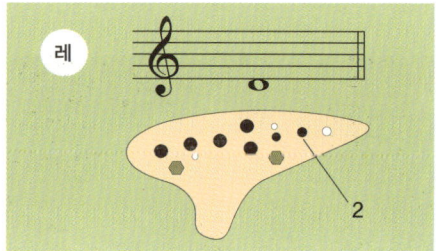

레 미 파 솔 파 미 레

■ 레부터 솔까지 연습한다. 한 음 한 음, 손가락을 확인해 가며 연습하자.

레 미 레 파 레 솔 레

■ 2째 마디의 레 파, 3째 마디의 레 솔로 변화하는 운지를 주의하자. 3째 마디는 오른
손 3개의 손가락을 동시에 떼는 것이 요령이다. 깨끗하게 다음의 음으로 연결되도록 연
습하자.

4. 도(C) 연습

'도'는 '레'를 누른 채, 오른손 새끼손가락으로 1번 구멍을 누르면 된다. 즉, 11번과 12번 작은 구멍을 뺀 모든 구멍을 막으면 낮은 '도' 음이 나온다.

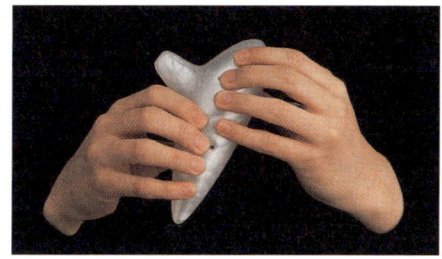

도를 누르고 있는 운지

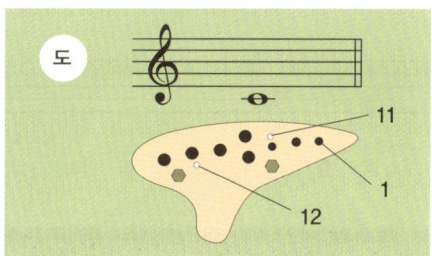

도 레 미 파 솔 파 미 레 도

■ 도부터 솔까지의 연습이다. 낮은 음일수록 호흡을 세게 하면 음정이 불안정해지기 쉬우므로 부드럽게 불어야 한다.

도 레 도 미 도 파 도 솔 도

■ 도부터 솔까지의 음정의 도약을 연습한다. 각각 다음에 오는 음으로 깨끗하게 연결될 수 있도록 연습하자.

● 왼손 연습

다음으로 솔부터 높은 음으로 올라가는 왼손의 연습을 해보자. 이번에는 '솔' 음을
누른 채, 왼손을 하나씩 떼내면 되는 운지이다.

1. 라(A) 연습

'솔' 음에서 왼손 약지손가락을 뗀다. 왼손 새끼손가락이 움직이지 않도록 잘 고정
시켜 놓은 채 떨어지지 않도록 음을 내야 한다.

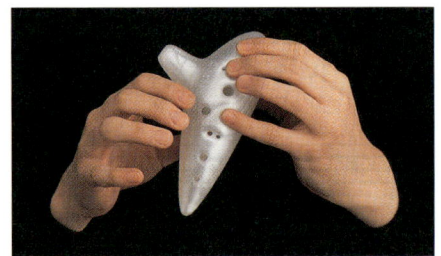
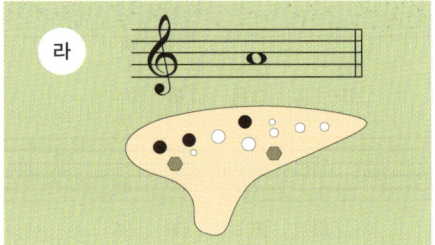

라를 누르고 있는 운지

라　솔　라　솔　라　솔　라

■ 솔과 라를 연습한다. 왼손의 새끼손가락이 움직이지 않도록 주의해서 연습하자.

솔　라　솔　라　솔　라　　　라　솔　라　솔　라　솔

■ 1번보다 빠른 연습이다. 몇 번씩 반복해 가며 연습해서 정확한 운지가 가능하도록 한다.

2. 시(B) 연습

'라' 음에서 왼손 중지손가락을 뗀다. 역시 새끼손가락이 흔들리지 않도록 주의한다.

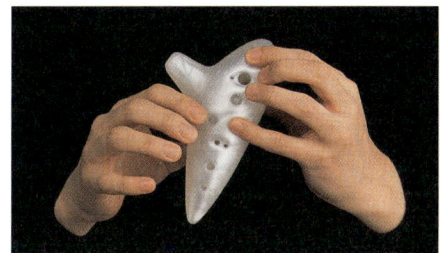

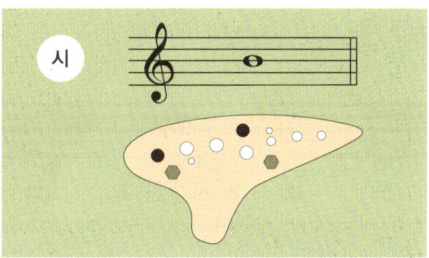

시를 누르고 있는 운지

시 라 솔 라 시 라 솔

■ 솔부터 시까지의 연습이다. 왼손의 엄지손가락과 검지손가락, 새끼손가락은 그대로 둔 채, 중지손가락과 약지손가락만 떼내는 것이 포인트.

솔 시 라 시 솔 시 솔

■ 솔부터 시까지 이어지는 부분에서는 중지와 약지를 동시에 누르거나 떼야 한다. 새끼 손가락의 위치가 바뀌지 않도록 주의해가며 연습하자.

3. 높은 도(C) 연습

'시' 음에서 왼손 검지 손가락을 떼면 된다.

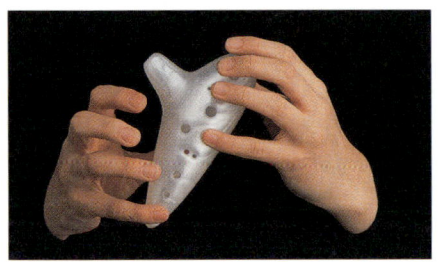
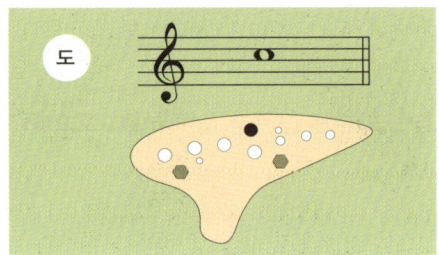

높은 도를 누르고 있는 운지.
악기가 움직이지 않도록 새끼손가락으로 지지해주기도 한다.

도   시   라   솔   라   시   도

■ 높은 도부터 솔까지 내려왔다 올라가는 연습이다. 왼손 새끼손가락과 양손 엄지손가락은 움직이지 않고 누른 채 불어야 한다.

도   시   도   라   도   솔   도

■ 높은 도부터 다른 음으로 이동하는 왼손 연습이다. 도 라, 도 솔 식의 운지에 주의하며 연습한다.

● 양손 연습

이제 다장조의 1 옥타브의 연습을 마쳤다. 이번에는 양손을 모두 사용해 음계를 연습해 보자.

도 레 미 파 솔 라 시 도

■ 낮은 '도' 음에서부터 높은 '도' 음까지 연습한다. 처음에는 모든 손가락을 완전히 막은 상태로 출발하여 한 손가락씩 떼내 간다. 왼손의 새끼손가락과 양손의 엄지손가락은 한 번도 떼지 않아야 한다.

도 레 미 파 솔 라 시 도 도 시 라 솔 파 미 레 도

■ 이번에는 4분 음표의 리듬으로 음계를 올라갔다 내려오는 연습을 한다. 정확하게 될 때까지 반복 연습한다.

도 미 솔 미 레 파 라 파 미 솔 시 솔 파 라 도

■ 마지막으로 다장조 음계의 음들을 하나씩 건너 뛰면서 부는 연습을 한다. 특히, '파 라'의 진행은 처음 나오므로, 정확한 음이 나오도록 연습하자.

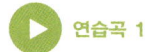

연습곡 1

들장미

보통빠르게

베르너 작곡

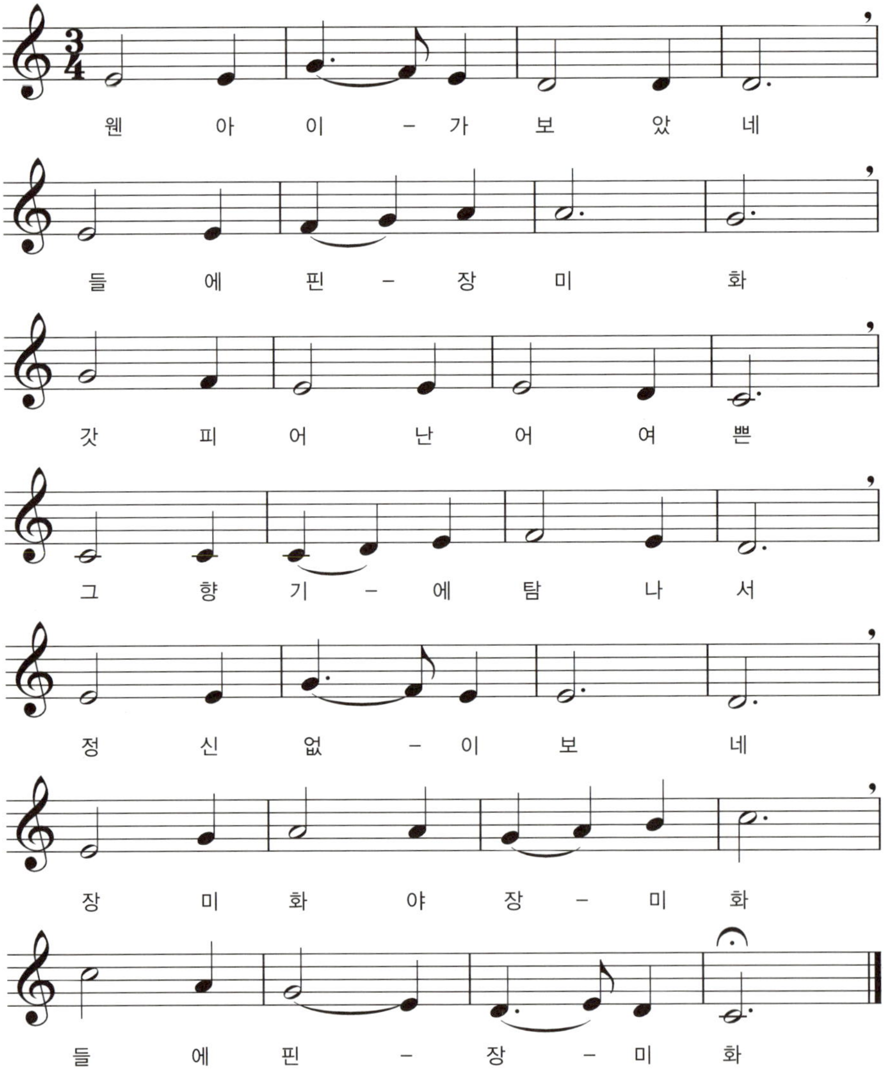

웬 아 이 – 가 보 았 네
들 에 핀 – 장 미 화
갓 피 어 난 어 여 쁜
그 향 기 – 에 탐 나 서
정 신 없 – 이 보 네
장 미 화 야 장 – 미 화
들 에 핀 – 장 – 미 화

연습곡 2

스와니 강

보통빠르게   포스터 작곡

머 나 먼 저 곳 스 와 니 강 물 – 그 리 워 라

날 사 랑 하 는 부 모 형 제 – 이 몸 을 기 다 려

이 세 상 에 정 처 없 는 나 그 네 의 길

아 그 리 워 라 나 살 던 곳 – 멀 고 먼 옛 고 향

연습곡 3

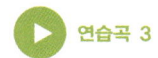

노래는 즐겁다

보통빠르게

프랑스 곡

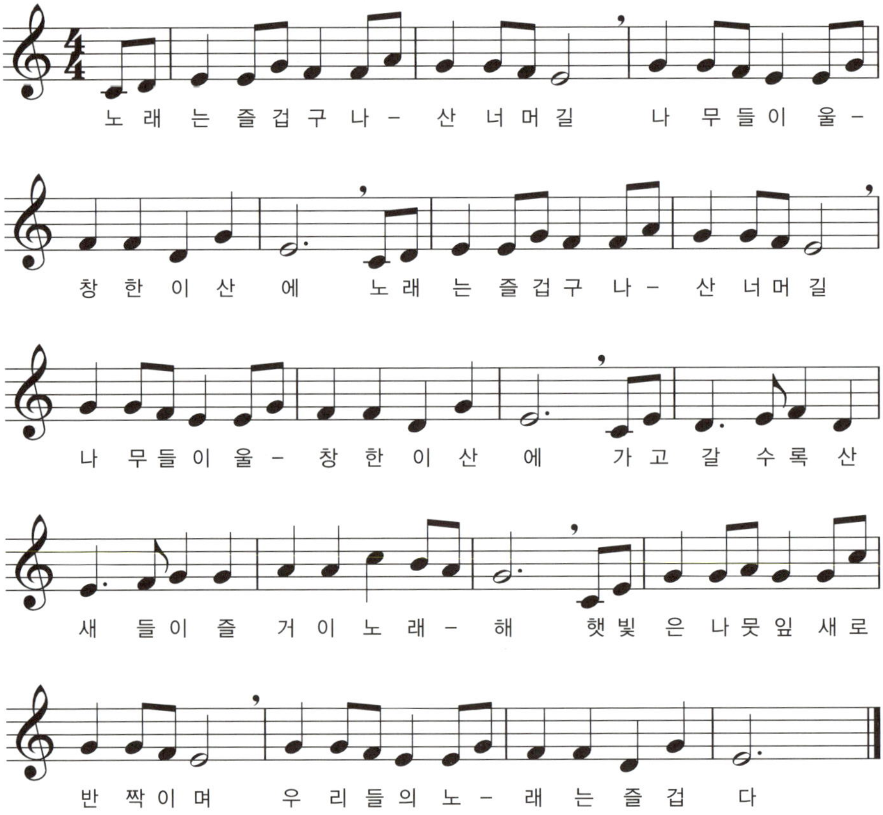
노 래 는 즐 겁 구 나 - 산 너 머 길 나 무 들 이 울 -
창 한 이 산 에 노 래 는 즐 겁 구 나 - 산 너 머 길
나 무 들 이 울 - 창 한 이 산 에 가 고 갈 수 록 산
새 들 이 즐 거 이 노 래 - 해 햇 빛 은 나 뭇 잎 새 로
반 짝 이 며 우 리 들 의 노 - 래 는 즐 겁 다

LESSON 3 :: 낮은 음과 높은음 연습

● 낮은 음

오카리나가 내는 낮은 음 중 낮은 시와 라, 2개의 운지를 연습한다. 앞에서 배운 기본 옥타브보다 운지가 어려워지기 시작하지만 천천히 연습하면서 확실하게 마스터하도록 한다.

1. 낮은 시(B) 연습

'낮은 시'는 '낮은 도'를 누른 상태에서, 오른손 중지손가락 앞에 있는 작은 11번 구멍을 한꺼번에 눌러주는 것이다. 손가락과 구멍 사이에 틈이 생기지 않도록 오른손 폼을 잘 연구해야 한다.

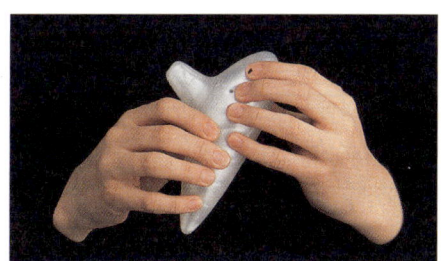
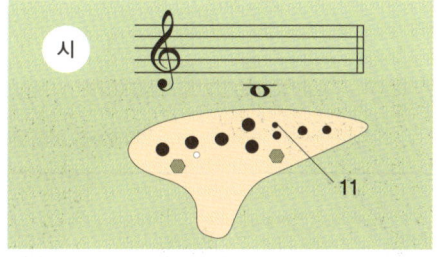

낮은 시를 누르고 있는 운지

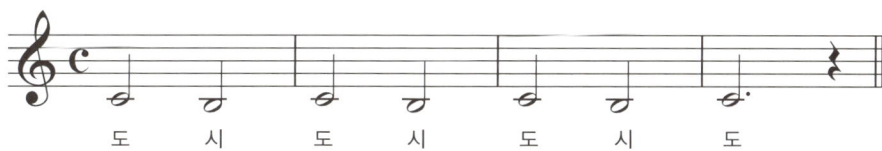

도 시 도 시 도 시 도

■ 오카리나의 저음은 호흡의 강약에 따라 음정이 불안정해지기 쉽다. 우선 도 음의 높이를 확인하고 나서, 시 음의 바른 음정이 나오도록 연습하자. 오른손은 중지손가락만으로 앞뒤로 움직이고, 도와 시 음을 번갈아 연주한다. 다른 손가락은 움직이지 않도록 하자.

시 도 레 도 시   도 레 도 시 도

■ 레 음까지 사용한 저음 연습이다. 앞의 연습처럼 오른손 중지손가락의 누르는 법에 주의한다.

2. 낮은 라(A) 연습

'낮은 라'는 시를 누른 채 왼손 중지손가락으로 12번 작은 구멍을 한꺼번에 누르는 것이다. 중지손가락을 잘 움직여서 두 개의 구멍을 자연스럽게 왔다 갔다 할 수 있도록 해야 한다. 그러나 6번 구멍과 12번 구멍을 한꺼번에 누르기 때문에, 손가락이 너무 많이 나가면 중지 손가락의 첫 번째 관절(접히는 부분)이 닿아 틈이 생기기 쉽다. 지문 부분의 도톰한 부위가 2개의 구멍을 제대로 막을 수 있도록 조금만 앞으로 빼도록 하는 등 자신만의 운지법을 확실하게 찾아내야 한다.

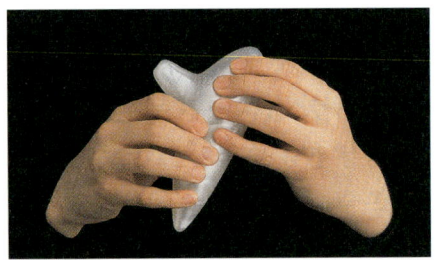

낮은 라를 누르고 있는 운지

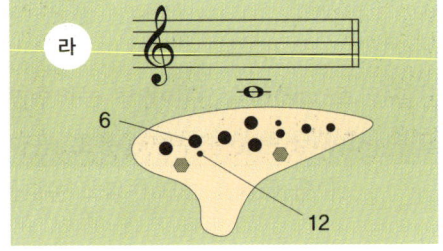

도 시 라   라 시 도

■ 저음의 시와 라의 연습이다. 음정에 주의하면서 정확하게 누르는 연습을 반복한다.

돌아오라 소렌토로

조금빠르게

쿠르티스 작곡

아름다운저바 다 와 그리운저빛난 햇 빛

내 맘 속 에 잠 시 라 도 떠 날 때 가 없 도 다

● 높은 음

이번에는 높은 도보다 더 높은 음들을 연습하게 된다. 높은 레와 미, 파 3개의 음의 운지를 익힌다. 이 운지는 새끼손가락으로 오카리나 본체를 제대로 지탱하는 것도 중요하므로, 특히 어려운 음들이다. 어렵게 느껴지지 않을 때까지 많은 연습이 필요하다.

1. 높은 레(D) 연습

'높은 레'는 왼손 새끼손가락과 오른손 검지손가락 이외에는 아무 것도 누르지 않는 운지법이다. 악기가 기울거나 흔들리지 않도록 오른손 새끼손가락을 악기 오른쪽 끝에 대고 지탱하며 불면 악기가 흔들리지 않도록 고정하는 데 도움이 된다.

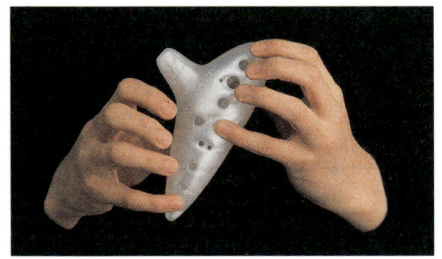
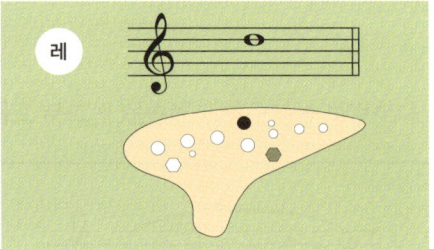

높은 레를 누르고 있는 운지

도　레　도　　시　레　　도

■ 악기가 흔들리지 않도록 주의하면서 연습하자. 시 레로 변하는 부분은 왼손 엄지손가락과 검지손가락을 동시에 떼 내는 것이 포인트이다.

도 레 미 파　솔 라 시 도　레 도 시 라　솔 파 미 레　도

■ 높은 레 음을 포함한 다장조의 음계를 모두 연습한다. 반복해서 안정된 연주가 될 수 있도록 하자.

2. 높은 미(E) 연습

'높은 미' 음은 레를 누른 상태에서 오른손 엄지까지 떼낸 운지법이다. 이 운지법은 오른손 새끼손가락으로 오른쪽 끝을 지탱하는 것이 요령이다. 또, 이외에도 아래의 2개 사진처럼 오른손 엄지를 세워서 지탱하고 약지와 새끼손가락으로 오른쪽 끝을 끼워서 지탱시켜도 된다.

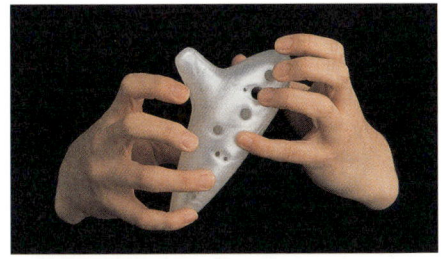

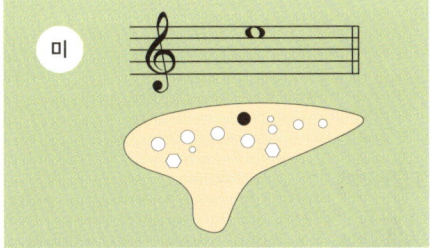

미

높은 미를 누르고 있는 운지

옆에서 본 모습

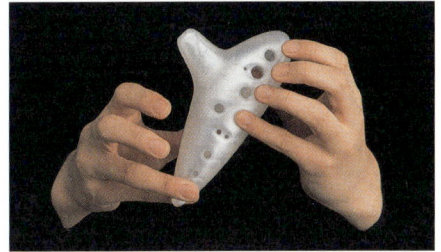

악기가 흔들리지 않도록 새끼손가락과 약지로 잡아준다

도 레 미 레 도 미 도

■ 음의 운지는 특별히 어렵지 않으나, 악기를 지탱하는 연습을 충분히 하지 않으면 오카리나를 떨어뜨릴 위험이 있다. 특히 도 미로 이동하는 부분에서는 양손의 엄지를 동시에 떼 내지 않으면 안 되므로, 받치는 손에 주의해야 한다.

라 시 도 레 미 레 도 시 라 도 미 도 라

■ 고음역의 전체 연습이다. 이 연습도 악기를 지탱하는 법에 유의하면서 안정된 호흡으로 연주할 수 있을 때까지 훈련하도록 하자.

고향의 봄

이원수 작사
홍난파 작곡

조금느리게

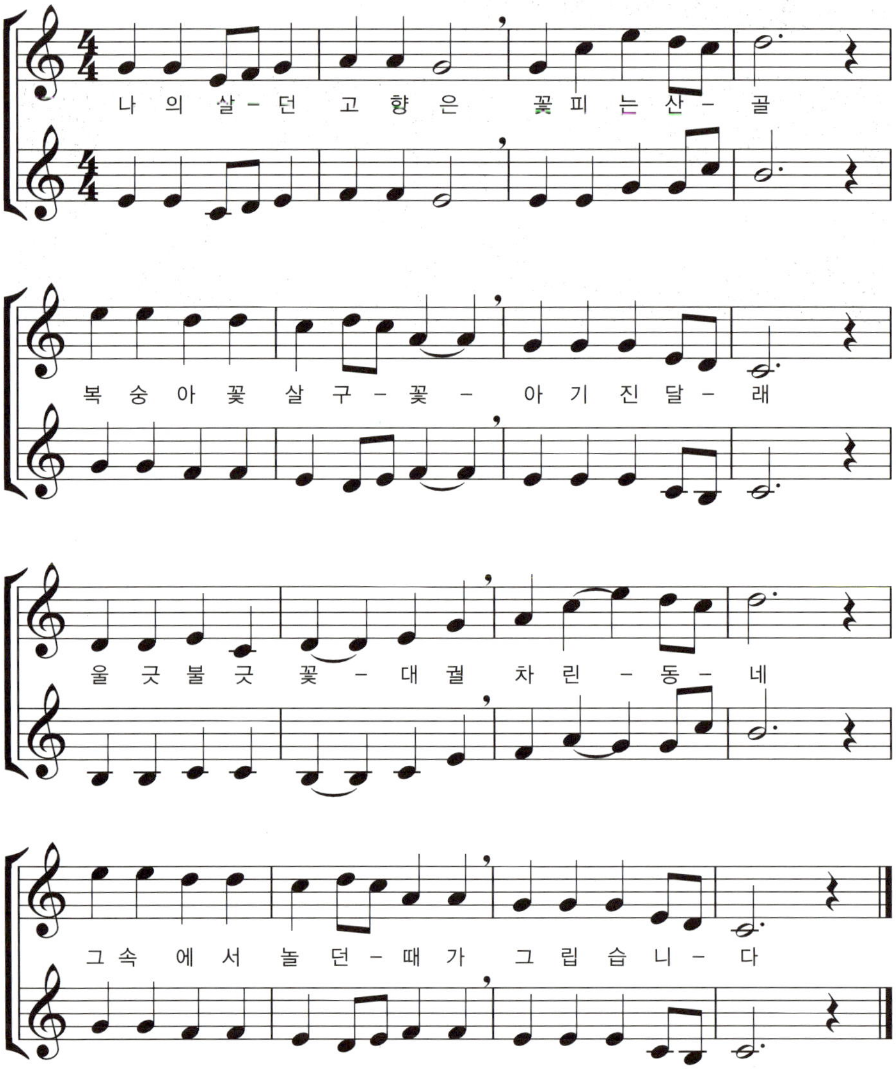

나의 살 — 던 고향은 꽃 피 는 산 — 골

복 숭 아 꽃 살 구 꽃 — 아 기 진 달 — 래

울 긋 불 긋 꽃 — 대 궐 차 린 — 동 — 네

그 속 에 서 놀 던 — 때 가 그 립 습 니 — 다

74

LESSON 4 :: 샵과 플랫의 운지법

● 시b의 운지법

샵과 플랫이 붙은 반음들의 처리법을 익히도록 하자. 여기서는 오른손 약지손가락을 사용하는 운지가 많으므로, 잘 기억해 두도록 한다.

1. 높은 시b 연습

시b(=라#)의 음은 오카리나에서는 옥타브가 다른 두개의 높이로 낼 수 있지만, 우선 높은 시b을 연습한다. 이 음은 시를 누른 채, 오른손 약지손가락으로 2번 구멍을 누르는 운지이다(또는 시를 누른 채 5번 구멍을 누른다) .

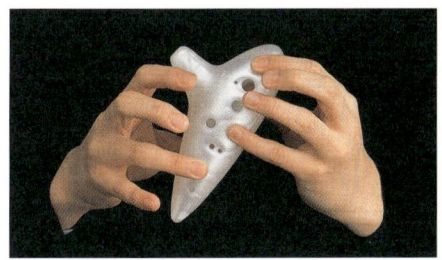

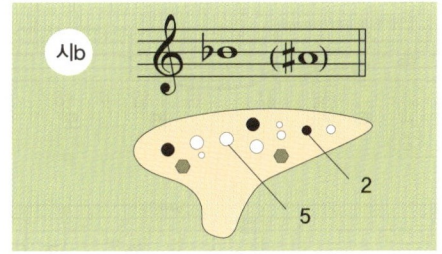

높은 시b 를 누르고 있는 운지

시b　　도　　시b　　라　　시b　도　시b　라　　시b

■ 높은 시b 음을 연습한다. 시b 이외의 음을 불 때는 오른손 약지손가락을 떼는 것을 잊지 않도록 한다.

2. 낮은 시b 연습

'낮은 시b'은 '낮은 도'를 누른 상태에서 왼손 중지손가락으로 12번 구멍을 누르는 것이다. 11번 구멍은 열어놓고 연주해야 한다. 낮은 라나 시의 음과 같이 꽤 어려운 운지이기 때문에 자신만의 편안한 운지를 찾아내, 바른 음이 나도록 하는 것이 중요하다.

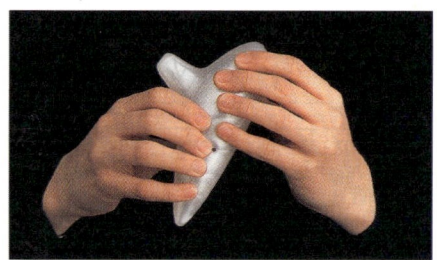
낮은 시b을 누르고 있는 운지

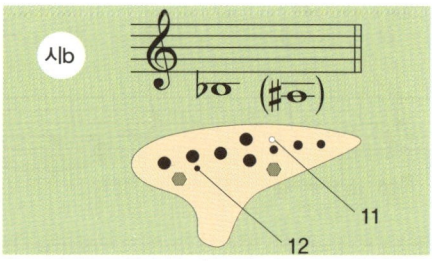

도 시b 라 시b 도 시b 라 시b 도

■ 부는 방법에 따라서는 시의 음정이 시b의 음에 가깝게 날 수도 있으므로, 충분히 주의해서 음정을 낼 수 있도록 연습한다. 왼손 중지손가락의 운지에 주의하자.

파 미 레 도 시b 라 시b 도 레 미 파 솔 파

■ 낮은 시b 음을 포함한, 바장조 음계연습이다. 바른 음정이 나오도록 반복해서 연습해 보자.

3. 바장조(F)의 음계 연습

바장조의 음계는 파 음에서 시작하는 장음계(장조의 음계)로, 시b의 음을 포함하고 있다. 여기서 잠깐 그 음들을 살펴보고 연습하고 넘어가도록 하자.

파 솔 라 시b 도 레 미 파 미 레 도 시b 라 솔 파

■ 바장조 음계의 연습이다. 고음을 불 때 악기를 지탱하는 것에 주의하면서 불어보자. 사용되는 음은 다르지만, 전체적인 음의 느낌은 다장조와 완전히 같다는 것을 알 수 있을 것이다.

 연습곡 6

열 꼬마 인디언

조금빠르게   미국 민요

한 꼬 마 두 꼬 마 세 꼬 마 인 디 언

네 꼬 마 다섯 꼬 마 여섯 꼬 마 인 디 언

일곱 꼬 마 여덟 꼬 마 아홉 꼬 마 인 디 언

열 꼬 마 인 디 언

● 파#의 운지법

파# 음을 익혀보자. 솔 음에서 오른손 약지손가락으로 2번 구멍을 막는다(또는 솔
음에서 3번 구멍을 막는다).

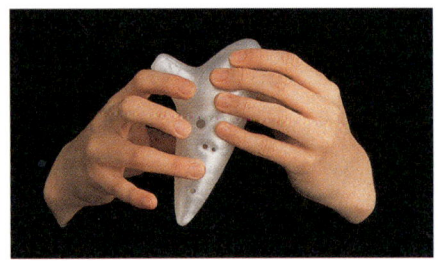

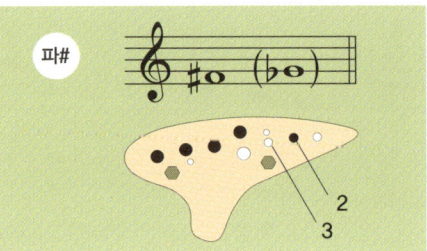

파#을 누르는 운지

솔　　파#　　미　　파#　　　솔　파#　미　파#　　솔

■ 파# 음의 기본적인 연습을 한다. 부드럽고 자연스럽게 다음의 음들이 이어질 수 있도
록 한다.

2. 사장조(G)의 음계 연습

사장조의 음계는 다음의 악보처럼 솔 음부터 시작하는 장조의 음계이다.

솔　라　시　도　레　도　시　라　　솔　파#　미　파#　　솔

어메이징 그레이스

조금느리게   미국 민요

나 같은 - 죄 인 살 리 신 주

은 혜 - 놀 라 와 잃 었 -던 - 생 명

찾 -앉 -고 기 쁨 을 -얻 었 네

● 솔#의 운지법

솔#의 운지를 익히게 된다. 여기서도 오른손 약지를 사용하는 것이 포인트이다.

1. 솔# 연습

솔#(=라b)은 라를 누른 채 오른손 약지손가락으로 2번 구멍을 누르면 된다(또는 라를 누른채 4번 구멍을 막는다).

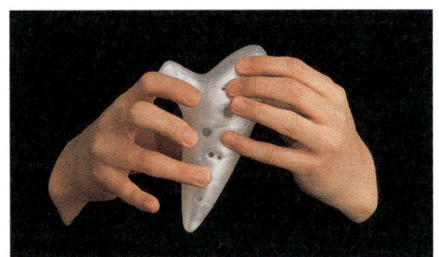

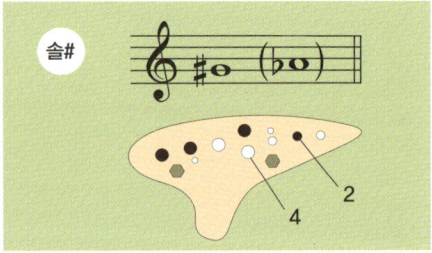

솔#을 누르는 운지

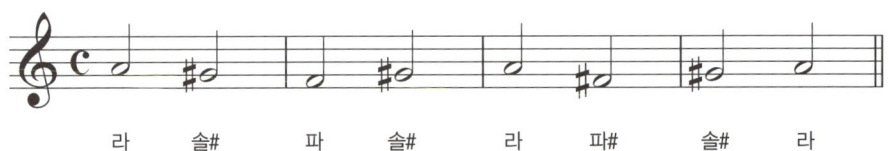

라　솔#　파　솔#　라　파#　솔#　라

■ 솔#을 누르는 방법과 그 전후에 자주 쓰이는 음을 익히는 연습이다. 파 음과 파#을 누르는 법과 혼동하지 않도록 유의해서 연습해 보자.

● 도#의 운지법

도#(=레b)의 음은 고음과 저음의 2가지 옥타브로 낼 수 있다. 여기서는 각각의 운지법을 익힌다.

1. 낮은 도# 연습

낮은 도# 은 레를 누른 채, 오른손 중지손가락을 앞으로 밀어내서 11번 구멍을 한꺼번에 막는 운지이다.

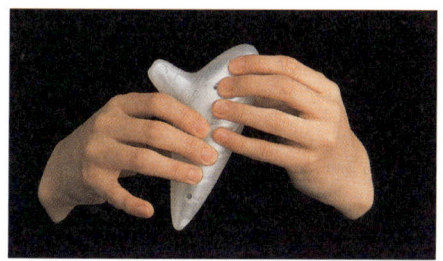

낮은 도#을 누르는 운지

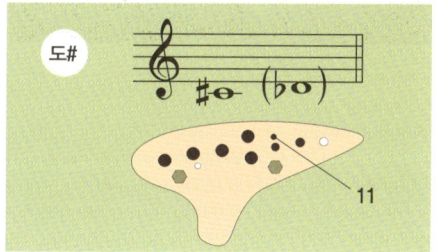

레　도#　시　도#　레　도#　미　도#　레

■ 낮은 도# 음의 연습이다. 도#과 미 음이 연속되는 부분의 운지가 자연스럽게 이어지도록 불어보자.

2. 높은 도# 연습

이번에는 '높은 도#'을 익혀보자. 이 음은 높은 레를 누른 채, 오른손 약지손가락으로 2번 구멍을 눌러주면 된다(또는 왼손 엄지로 8번 구멍을 반만 막는다).

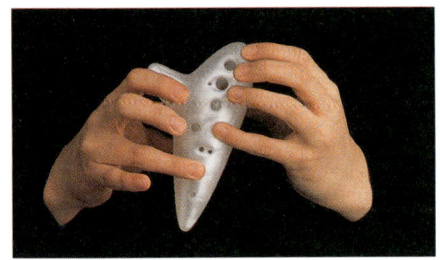

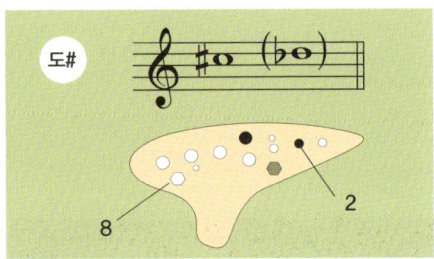

높은 도#을 누르는 운지

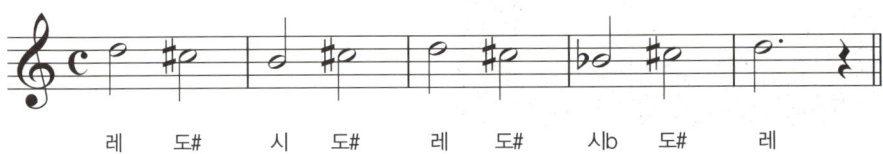

레　　도#　　시　　도#　　레　　도#　　시b　도#　　레

■ 높은 도# 연습이다. 시와 시b의 음을 누르는 방법의 차이에 주의한다.

● 레#의 운지법

레#(=미b)의 음도 고음과 저음 2가지 옥타브로 낼 수 있는 음이다.

1. 낮은 레# 연습

낮은 레#의 음은 낮은 미를 누른 상태에서 오른손 새끼손가락으로 1번 구멍을 누른다(또는 낮은 미를 누른 상태에서 11번 작은 구멍을 오른손 중지로 함께 막는다).

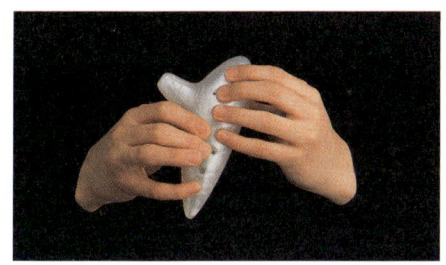 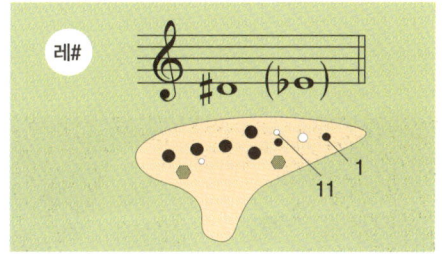

오른손 새끼손가락으로 1번 구멍을 눌러 낮은 레#을 운지한다

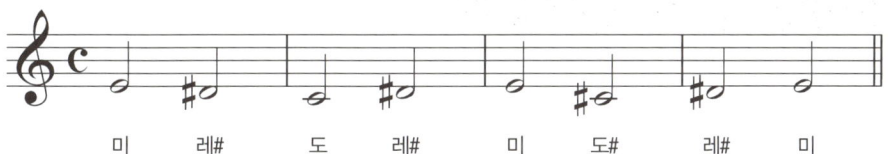

미　레#　도　레#　미　도#　레#　미

■ 1~2째 마디는 둘 중의 어느 운지법을 써도 불기 쉽지만, 3~4째 마디는 11번 작은 구멍을 사용하는 편이 더 연주하기 쉽다.

2. 높은 레# 연습

높은 레# 음에는 몇 가지 운지법이 있지만, 여기서는 3종류의 운지를 익혀 보도록 한다.

✚ 높은 미를 누르고 왼손 약지손가락으로 5번 구멍을 누른다.

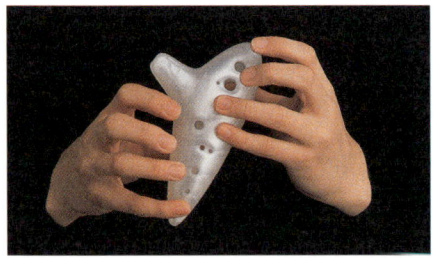 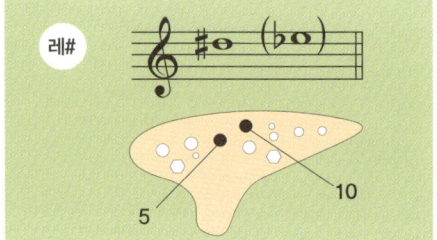

왼손 약지로 5번 새끼손가락으로 10번 구멍을 누른다

✚ 높은 미를 누르고 오른손 약지로 2번 구멍을 누른다(또는 높은 미를 누르고 9번 구멍을 오른손 엄지로 반만 막는다).

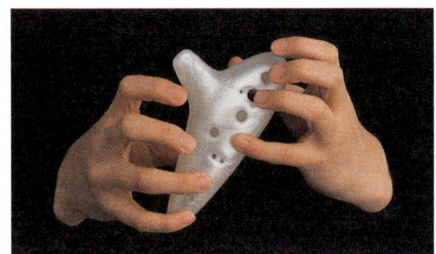 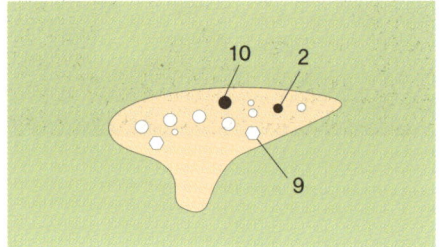

왼손 새끼손가락으로 10번, 오른손 약지손가락으로 2번 구멍을 누른다

미   레#   레   레#   미   도#   레#   미

■ 1, 2째 마디의 레#은 1번 운지로, 4째 마디는 2번 운지를 이용해 불면 전후의 음과 이어짐이 자연스럽게 된다. 단, 어떤 운지법도 각자의 악기를 잡는 폼에 따라 쉬운 정도가 다르므로, 그 이외의 운지법을 이용해도 상관없다.

LESSON 5 :: 음의 표현력을 살려주는 연주기법

● 음의 길이에 따라 감정 살리기

같은 길이의 음표라도 '실제로 음을 내는 길이'를 바꾸면 멜로디에 여러 가지 표정이 생겨 풍부한 느낌이 만들어진다. 여기서는 그런 연주 테크닉을 익혀보자.

1. 스타카토

음을 짧게 끊어서 연주하는 기법이 '스타카토(Staccato)'이다. 어느 정도로 짧게 끊는가는 멜로디의 분위기나 곡의 템포에 따라 가지 각색이지만, 기본적으로는 그 음표 본래의 길이의 1/2 정도라고 생각하면 된다. 곡을 경쾌하고 발랄하게 만들어 주는 효과를 준다.

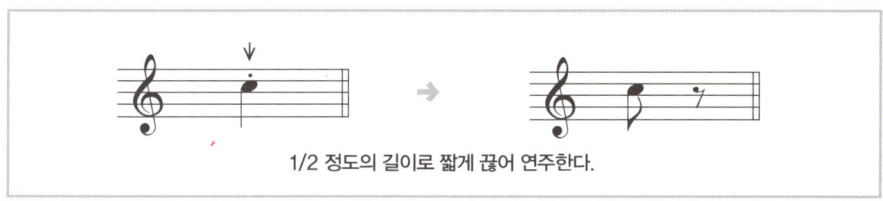

1/2 정도의 길이로 짧게 끊어 연주한다.

도 레 미 파 솔 라 시 도 시 라 솔 파 미 레 도

■ 다장조(C)의 음계를 스타카토로 부는 연습이다. 또박또박 경쾌한 느낌으로 연주한다. 스타카토로 연주한다고 하여 음의 템포가 달라져서는 안 된다. 템포를 잘 살리면서 정확한 타이밍으로 소리를 내며 불어보자.

2. 포르타토

포르타토(Portato)스타카토와 반대로 다음 음이 나올 때까지 음을 충분히 끌어주어 부드럽고 편안한 느낌을 주는 텅깅방법이다.

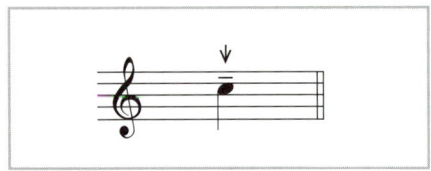

■ 포르타토와 스타카토 2가지로 나눠서 연습한다. 리듬이 불안정해지지 않도록 주의하면서, 포르타토로 부는 음과 스타카토로 부는 음과의 길이 차이가 확실하게 나도록 연주해 보자.

3. 슬러

음정이 다른 두 음을 자연스럽게 이어서 연주하는 방법이다. 슬러(Slur)로 연결한 음을 연주할 때는 처음의 음만 텅깅을 한 다음, 호흡을 멈추지 않은 상태에서 부드럽게 다음 음을 누른다. 슬러는 슬프고 아름다운 느낌이 드는 효과를 준다.

도 레 미 파 솔 라 솔   솔 파 미 레 도

■ 슬러를 사용한 멜로디 연습이다. 음표의 리듬에 맞춰 손가락을 바꿀 수 있도록 연주해 보자.

● 각종 장식부호와 트릴

여기서 소개하는 2개의 주법은 음에 일종의 '장식'을 함에 따라 연주를 더욱 화려하게 만들기도 하고, 독특한 분위기를 만들어내는 효과를 준다. 모두 어렵고 까다로운 상급의 테크닉이긴 하지만, 부단한 연습을 통해 반드시 도전해 보자!

1. 꾸밈음

꾸밈음은 주된 음의 앞에 붙어있는 짧은 길이의 음표로 악보에서는 사선이 붙은 작은 음표로 표시한다. 또 이 음표는 한 소절의 박자 수에는 포함되지 않는다. 오카리나로 연주할 때는 꾸밈음표를 분 직후에 슬러로 그 다음으로 이어질 수 있도록 연주한다.

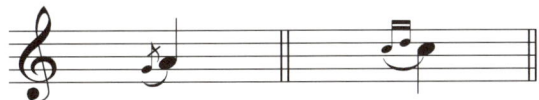

라 솔 파 미　파　　　　미　　레　　도

■ 꾸밈음 연습을 한다. 우선 꾸밈음표는 무시하고 불어보고 나서, 멜로디의 느낌을 잡은 다음에 꾸밈음을 붙여서 불어보자. 3~4째 마디는 처음의 음을 분 직후에 순식간에 음을 바꿔서 누를 수 있도록 하고, 바로 원래의 음으로 돌아와야 한다. 꾸밈이 들어간다고 하여 곡의 템포가 달라져서는 안 된다.

2. 트릴

악보에 씌어진 음과 그 바로 위의 음을 교대로 빠르게 연속해서 연주하는 방법이다.

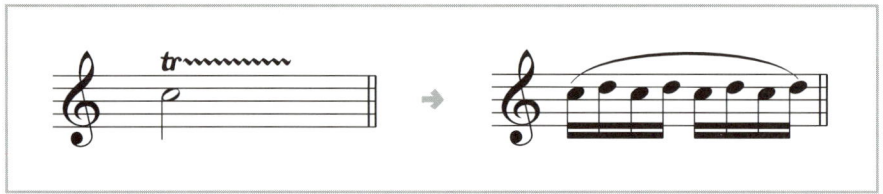

■ 기본적인 트릴 연습을 한다. 악보에 씌어진 음과 괄호 속의 음을 가능한 한 빠르게 교대로 반복하면서 각 음표의 길이만큼씩(여기서는 3박자씩) 계속 불어본다.

PART 5

실전 연습곡편
오카리나를 내 맘대로!

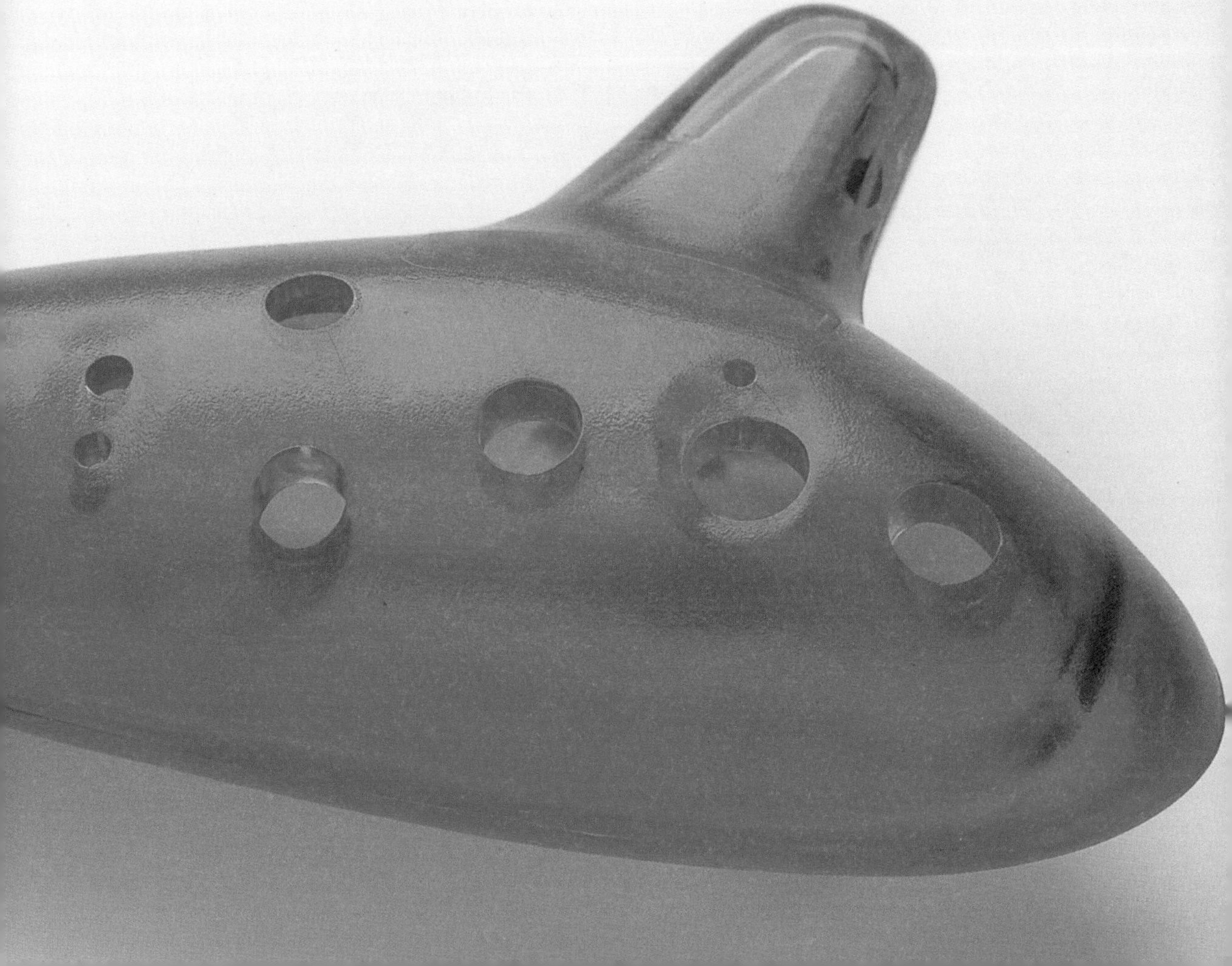

아리랑

조금느리게

한국 민요

아 리 랑 – 아 리 랑 – 아 라 리 – 요 – –

아 리 랑 – 고 개 – 로 – 넘 어 간 다

나 를 버 리 고 가 시 는 님 – 은 – –

십 리 도 – 못 – 가 – 서 – 발 병 난 다

소나무

보통빠르게

독일 민요

소 나 무야 소 나 무야 언 제나푸 른 네빛 쓸

쓸한가 을 날이나 눈 보라치 는 날에도 소

나 무야 소 나 무야 변 하지않 는 네 빛

연습곡 10

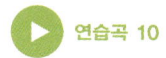

로렐라이

보통빠르게

질허 작곡

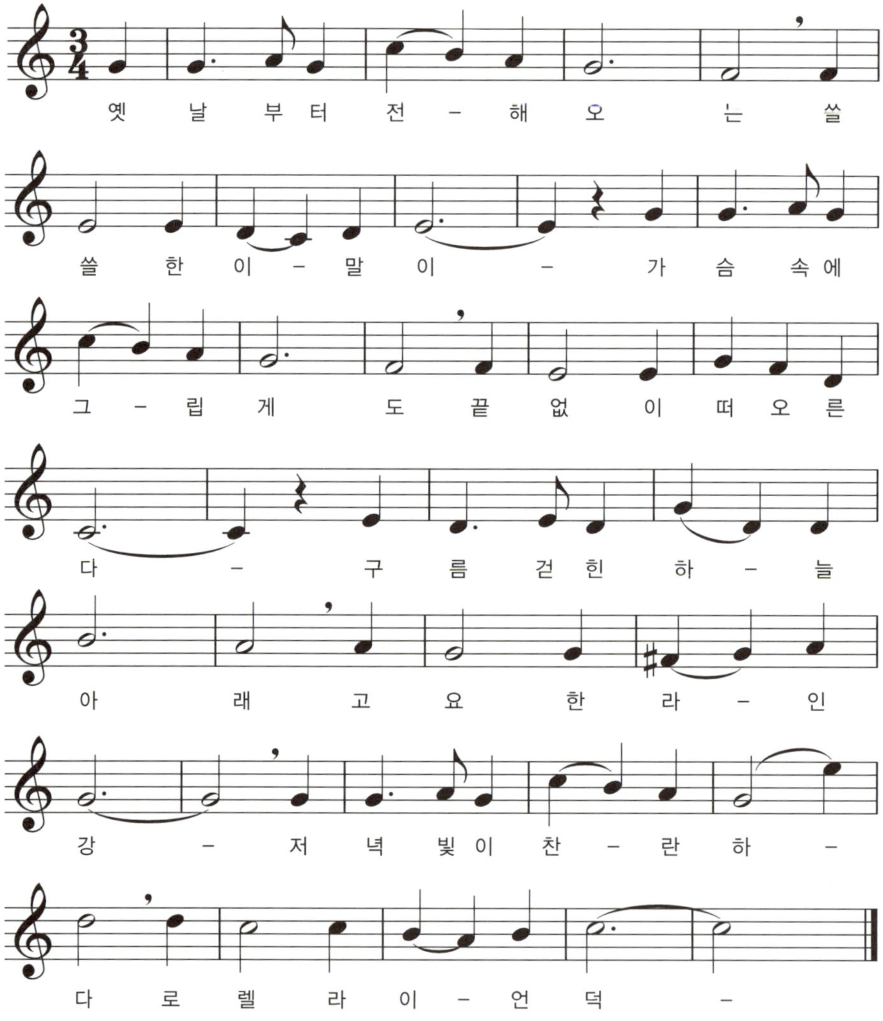
옛 날 부 터 전 – 해 오 는 쓸
쓸 한 이 – 말 이 – 가 슴 속 에
그 – 립 게 도 끝 없 이 떠 오 른
다 – 구 름 걷 힌 하 – 늘
아 래 고 요 한 라 – 인
강 – 저 녁 빛 이 찬 – 란 하 –
다 로 렐 라 이 – 언 덕 –

아이네 클라이네 나흐트 무지크

조금느리게

모짜르트 작곡

문 리버

조금느리게

헨리 맨시니 작곡

자장가

느리게

슈베르트 작곡

잘 자라 내 아기 노래를－들－으며

옥 같이 어여쁜 우리 아－가－야

Fine

귀 여 운 －너 잠 －－－잘 적 에

D.S. al Fine

𝄋 부분으로 갔다가
Fine 에서 연주가 끝난다

연습곡 14

산타 루치아

조금느리게   이탈리아 민요

창 공 의 빛 난 별   물 위 에 어 리 어

바 람 은 고 요 히 불 어 오

누 나   내 배 는 살 같 이

바 다 를 지 난 다 산 ― 타 ― 루 ― 치 ― 아

1. 산 타 루 치 아   2. 산 타 루 치 아

96

연습곡 15

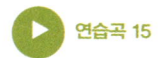

등대지기

보통빠르게

영국 민요

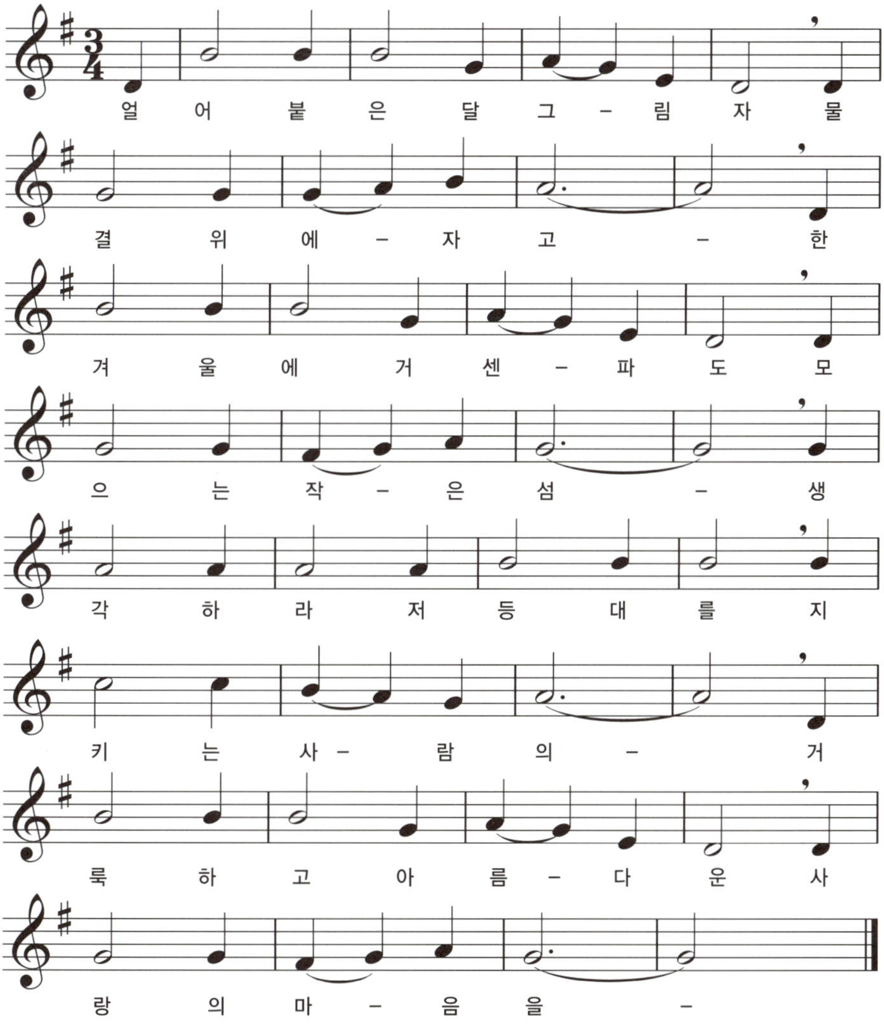
얼 어 붙 은 달 그 – 림 자 물
결 위 에 – 자 고 – 한
겨 울 에 거 센 – 파 도 모
으 는 작 – 은 섬 – 생
각 하 라 저 등 대 를 지
키 는 사 – 람 의 – 거
룩 하 고 아 름 – 다 운 사
랑 의 마 – 음 을 –

연습곡 16

자장가

조금느리게

슈베르트 작곡

잘 자라 우리 아 가 -

앞 뜰 과 뒷 동 산 에 -

새 들 도 아 가 양 도 -

다 - 들 자 - 는 데 -

달 님 은 영 창 으 로 -

은 구 슬 금 구 슬 을 -

보 내 는 이 - 한 밤 -

잘 자 라 우 리 아 가 - 잘

자 - 거 - - - 라 -

98

사랑

점점느리게

홍난파 작곡

탈 대 로 다 - 타 - 시 오 - 타 다

말 - 진 부 디 마 오 - 타 고 - 다 - 시 - 타

서 - 재 될 것 - 은 - 하 거 니

와 -

타 다 가 - 남 은 동 - 강

은 - 쓸 - 곳 - - - 이 없 소 이 다 -

PART 6

고급 연주곡편
아름다운 오카리나 연주곡

연습곡 18

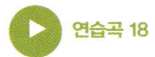

연가

이명원 작사
변 혁 작곡

보통빠르게

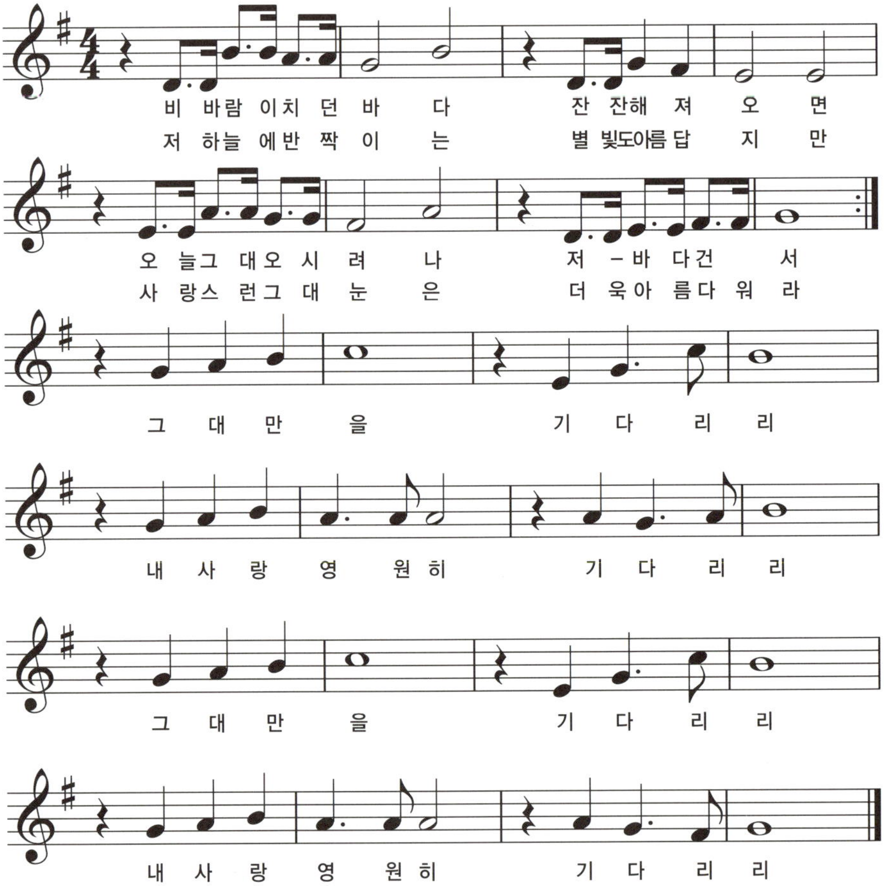
비 바람 이치 던 바 다 잔 잔해 져 오 면
저 하늘 에반 짝 이 는 별 빛도아름 답 지 만
오 늘그 대오 시 려 나 저 -바 다건 서
사 랑스 런그 대 눈 은 더 욱아 름다 워 라
그 대 만 을 기 다 리 리
내 사 랑 영 원 히 기 다 리 리
그 대 만 을 기 다 리 리
내 사 랑 영 원 히 기 다 리 리

 연습곡 19

자장가

조금느리게

브람스 작곡

연습곡 20

사계「봄 I」

빠르게

비발디 작곡

104

연습곡 21

노래의 날개 위에

느리게   멘델스존 작곡

연습곡 22

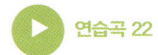

남촌

김규환 작곡

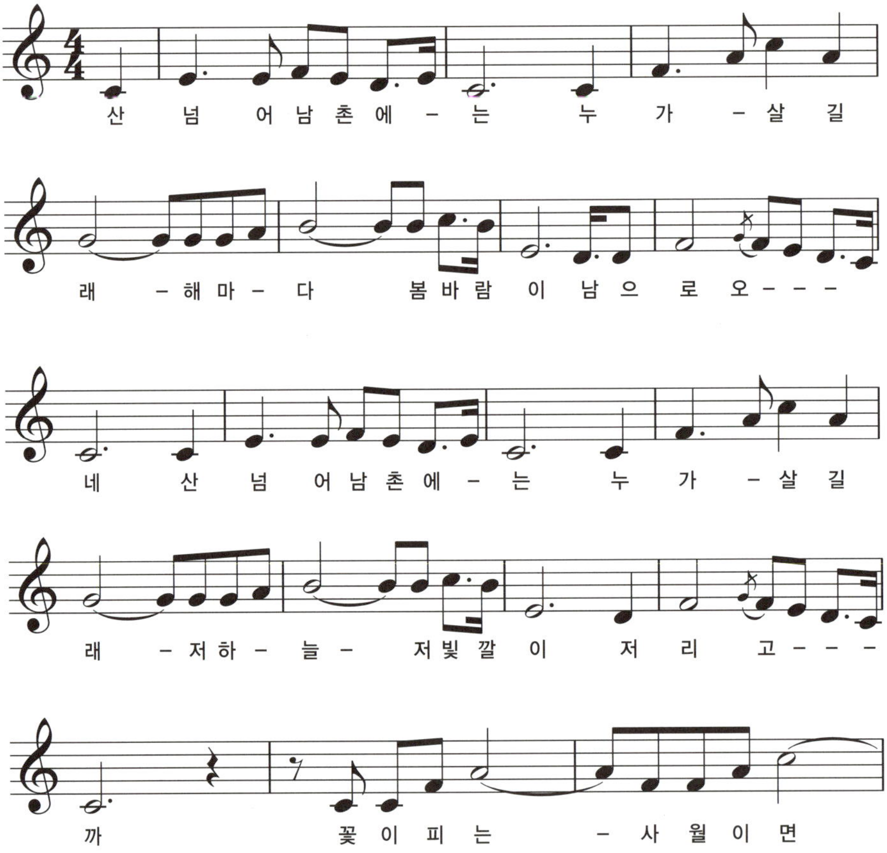
산 넘 어 남 촌 에 － 는 누 가 － 살 길
래 － 해 마 － 다 봄 바 람 이 남 으 로 오 － － －
네 산 넘 어 남 촌 에 － 는 누 가 － 살 길
래 － 저 하 － 늘 － 저 빛 깔 이 저 리 고 － － －
까 꽃 이 피 는 － 사 월 이 면

-진 달 래 향 - 기   밀 익 - 는   -오 월 이

면   보 리 내 - -음 새   어 - 느   것 한 가 진 -

들   실 어 -안 오 리   -남 촌 -

서   -남 풍 불 제   나 는 좋 - -데 나

가시나무

느리게

하덕규 작곡

오카리나
어린이용 악보

엄마, 아빠, 친구들과 함께 연주해 보세요!

작은별

외국곡

아빠의 얼굴

하중희 작사
이수인 작곡

어 젯밤 꿈 속 - 에   나 는 나 는 날 개 달 고

구 름 보 다 더 높 이   올 라 올 라 갔 지 요

무 지 개 동 산 에 서 놀 고 있 을 때   이 리 저 리 나 를 찾 는 아 빠 의 얼 굴

무 지 개 동 산 에 서   놀 고 있 을 때

이 리 저 리 나 를 찾 는   아 빠 의 얼 굴

꼬마자동차 붕붕

박형신 작사/작곡

붕 붕 붕 아주작은 자동차 꼬마 자동차가 나 왔 다

붕 붕 붕 꽃 향기를 맡으면 힘이솟는꼬마자동 차

엄 마찾 아 모험찾아 – 나 서 는 세 계여행 –

우 리 도 함께 가 지 요

꼬 마 차 가 나 가 신다 길을 비 켜 라 꼬 마 차 가 나 가 신다 길을 비 켜 라

랄 랄 랄 라 – 랄 랄 랄 라 – 귀 여 운 꼬 마 차 는 친 구 와 함 께

어 렵 고험한 길 헤 쳐 나간 다 희 망 과사랑 을 심 어 주 면 서

아 하 신 나 게 달 린 다 귀 여 운 꼬 마 자 동 차 붕 붕

도레미송

R.로저스 작곡

도 는 하 얀 도 라 지 레 는 둥 근 레 코 드

미 는 파 란 미 나 리 파 는 예 쁜 파 랑 새

솔 은 작 은 솔 방 울 라 는 라 디 오 고 요

시 는 졸 졸 시 냇 물 다 — 함 께 부 르 자

새싹들이다

좌승원 작사/작곡

마음을열어 하늘을보라 넓고높고푸른하 늘

가슴을펴고 소리쳐보자 우리들은새싹들이 다

푸른꿈이 자 - 란다 - 곱고고운 꿈

두리둥실 떠 - 간다 - 구름이되어

른벌판을 달려나가자 씩씩하게나가 자

어깨를걸고 함께나가자 발맞춰나가 자

신데렐라

지은이 미상

신 데 렐 라 는　어 려 서　부 모 님 을 잃 고　요

계 모 와　언 니 들 에 게　구 박 을 받 았 더 래　요

샤 바 샤 바 하 이 샤 바　얼 마 나 슬 펐 을 까　요

샤 바 샤 바 하 이 샤 바　왕 자 님 은 언 제 만 날　까

루돌프사슴

토니 마크스 작곡

루돌프사슴 코는 매우반짝이는 코

만일 네가 봤 다면 불 붙는 다 했 겠 지

다 른 모 든 사 슴 들 놀 려 대 며 웃 었 네

가 엾 은 저 루 돌 프 외 톨 이 가 되 었 네

안 개 낀 성 탄 절 날 산 타 말 하 길

루 돌 프 코 가 밝 으 니 썰 매 를 끌 어 주 렴

그 후 론 사 슴 들 이 그 를 매 우 사 랑 했 네

루 돌 프 사 슴 코 는 길 이 길 이 기 억 되 리

생일축하

미국민요

생 일 축 하 합 니 다   생 일 축 하 합 니 다   사 랑

하 는 O O O   O O O 생 일 축 하 합 니 다

피노키오

지명길 작사
김용년 작곡

꼭 두 각 시 인 형 피 노 키 오 나 는 네 가 좋 구 나 　 　 파 란

머 리 천 사 만 날 때 는 나 도 데 려 가 주 렴 　 　 피 아

노 치 고 미 술 도 하 고 영 어 도 하 면 바 쁜 데 　 　 는

언 제 나 공 부 를 하 니 말 썽 쟁 이 피 노 키 오 야 　 　 우 리

아 빠 꿈 속 에 오 늘 밤 에 나 타 나 내 얘 기 좀 잘 해 줄 수 있 겠 니 　 　 먹 고

싶 은 것 이 랑 놀 고 싶 은 것 이 랑 모 두 모 두 할 수 있 게 해 줄 래

자전거

목일신 작사
김대현 작곡

따르릉 따르릉 비켜나세요

자전거가 나갑니다 따르르르릉

저기가는 저사람 조심하세요

어물어물 하다가는 큰일납니다

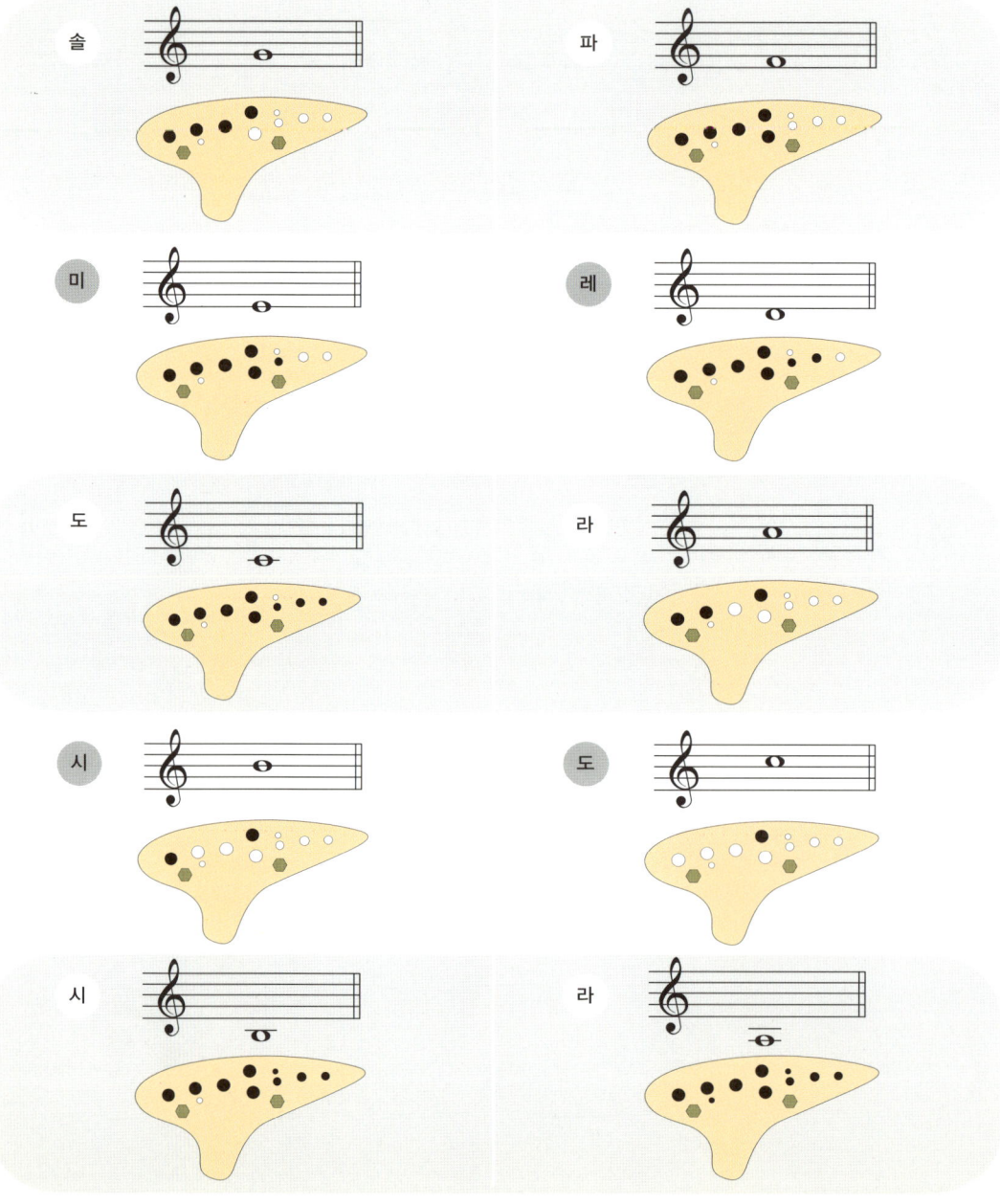

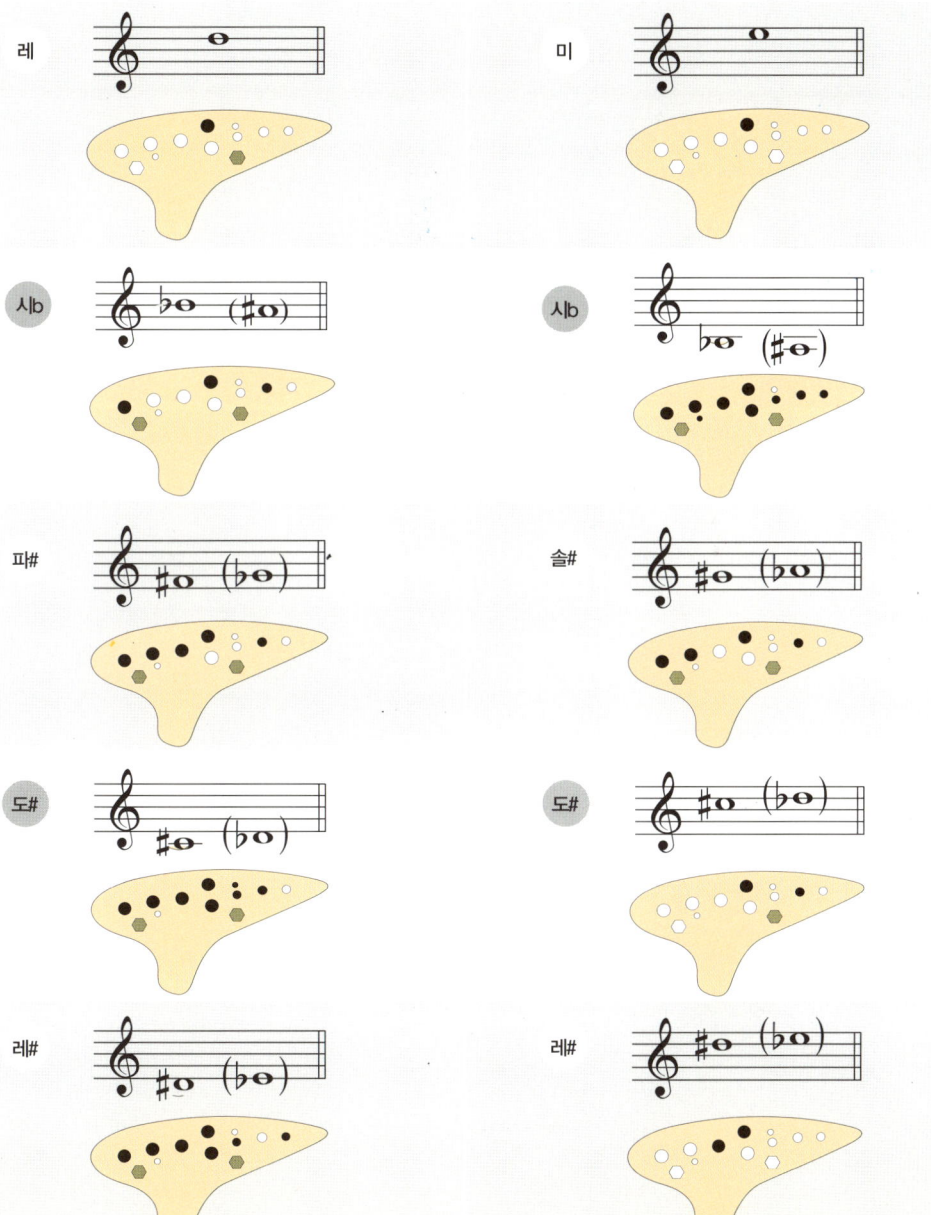